Friedrich Schleiermacher

Monologen by F.D.E. Schleiermacher.

Friedrich Schleiermacher

Monologen by F.D.E. Schleiermacher.

ISBN/EAN: 9783744600262

Hergestellt in Europa, USA, Kanada, Australien, Japan

Cover: Foto ©ninafisch / pixelio.de

Weitere Bücher finden Sie auf **www.hansebooks.com**

Monologen.

Eine Neujahrsgabe.

Neue Ausgabe.

Berlin.
Druck und Verlag von Georg Reimer.
1868.

Vorrede
zur zweiten Ausgabe.

Da dies Büchlein vergriffen war, wollte ich nicht weigern, daß es wieder gedrukkt würde. Denn theils bin ich ihm Dank schuldig, weil es edle Gemüther auf eine mir fast unerwartete Weise an sich gezogen, und mir Freunde erworben hat, deren Besiz mir sehr theuer ist; theils könnte auch die Weigerung fälschlich als Widerruf ausgelegt werden. Darum sei diesen Blättern mein Dank dadurch abgestattet, daß ich ihnen aufs neue das Leben friste, und zugleich durch die That den Lesern die Erklärung abgelegt, daß noch immer alle hier geäußerten Gesinnungen so vollkommen die meinigen sind, wie nur irgend ein Bild aus früherer Zeit dem älteren Manne gleichen kann und darf. Nur bekenne ich dabei, daß ein solches aufzufrischen oder wol gar zu verbessern zu große

Schwierigkeiten hat wegen der Gefahr durch unvermerkte Einmischung von Zügen aus späterer Zeit die innere Wahrheit zu trüben, oder durch Aenderungen, welche willkührlich scheinen könnten, freundliche Leser zu stören. Darum gebe ich es lieber mit allen Mängeln wieder, die ich daran kenne, und habe außer Kleinigkeiten im Ausdrukk nur einige bald nach der ersten Erscheinung angemerkte Aenderungen aufgenommen, welche Undeutlichkeiten abzuhelfen und Mißverständnissen zuvorzukommen schienen. Was also jemand nicht an dem Dargestellten, sondern an der Darstellung tadelt, das wolle er nicht mir dem jezigen, sondern noch immer dem damaligen zuschreiben. Wenn aber Andere sich in die Gesinnung selbst nicht finden, und von dem, was sich auf die Idee eines Menschen bezieht, das was von seiner Erscheinung gilt, nicht unterscheiden wollen oder können, denen sei unverwehrt den ungesalzenen Spott wieder aufzuwärmen, der auch vor zehn Jahren hie und dort gehört wurde.

Berlin im April 1810.

Dr. Fr. Schleiermacher.

Vorrede
zur dritten Ausgabe.

Auf obige Rechtfertigung beziehe ich mich auch bei diesem dritten Abdruck des Büchleins, und möchte nur noch ein Paar Worte für diejenigen versuchen, welchen die Abzwekkung desselben wirklich sollte entgangen sein. Ein mir von langem her innig befreundeter Mann hat seitdem das gar sehr hiehergehörige treffende Wort gesagt, das erscheinende Leben eines jeden Menschen schwanke zwischen seinem Urbild und seinem Zerrbild. Nur die der ersten Richtung folgende Selbstbetrachtung kann etwas öffentlich mittheilbares enthalten; die andere verliert sich zu tief in die Dunkelheiten des einzelnen Lebens bis zu denen Punkten hin, die, wie auch sonst schon ein Weiser gesagt, der Mensch am besten auch sich selbst verbirgt. Wer nun, wie hier versucht ward, diese verschweigend jene mittheilt

mit einem sichtbaren Bestreben vorzüglich die
Oerter für die Verschiedenheit der Urbilder auf=
zusuchen, dessen Meinung wird wol ganz ver=
kannt, wenn man ihm vorwirft, daß er nur
sich selbst ins Schöne sehe, und lächerlicher als
ein geistiger Narziß die verliebten Worte, mit denen
er sein eignes Bildniß angeredet, der Welt noch
weit und breit verkünde. Eben jener Abzwekkung
ist es auch zuzuschreiben, daß hier die Selbstbe=
trachtung sich rein ethisch gestaltet, und das im
engern Sinne Religiöse darin nirgend hervortritt.
Doch wünschte ich nicht, daß hieraus die Ansicht
einen Gewinn zöge, als ob die religiöse Selbst=
betrachtung nur die entgegengesezte Richtung nach
dem Zerrbilde hin nehmen müßte. Vielmehr war
es schon lange mein Vorsaz, auch diese einseitige
Vorstellung durch die That zu widerlegen, und
durch eine ähnliche Reihe religiöser Selbstgespräche
dieses Büchlein zu ergänzen. Die Zeit aber hat
es bis jezt nicht gestattet.

Berlin im December 1821.

Sch.

Inhalt.

Darbietung . . . . Seite 1
I. Betrachtung . . . . = 3
II. Prüfungen . . . . = 24
III. Weltansicht . . . . = 53
IV. Aussicht . . . . = 78
V. Jugend und Alter . . . . . . = 102

Monologen.

Darbietung.

Keine vertrautere Gabe vermag der Mensch dem Menschen anzubieten, als was er im Innersten des Gemüthes zu sich selbst geredet hat: denn sie gewährt ihm das Geheimste was es giebt, in ein freies Wesen den offenen ungestörten Blikk. Keine zuverläßigere: denn mit Dir durchs Leben zieht die Freude, vom reinen Anschaun des befreundeten erregt; und innere Wahrheit hält Deine Liebe fest, daß Du gern öfters zur Betrachtung zurükkehrst. Auch keine bewahrst Du leichter gegen fremde Lust oder Tükke; denn da ist kein verführerisch Nebenwerk, das den Unberechtigten herbeilokkte, oder das mißbraucht könnte werden zu geringem und schlechtem Zwekk. Und steht auch einer seitwärts mit schelem Blikk unser Kleinod musternd, und will unächtes Dir entdekken an Zeichen, die Dein grades Auge nicht wahrnimmt; so möge Dir weder zersplitternde Krittelei noch schaler Spott die Freude rauben, wie es mich niemals gereuen wird, Dir mitgetheilt zu haben, was ich hatte. — So nimm denn hin die Gabe, der Du des Geistes leises Weben verstehen magst! Es töne Dein innerer Gesang harmonisch zum Spiel meiner Gefühle! Es werde was jezt magnetisch sanft Dich durchzieht, jezt wie ein elektrischer Schlag Dich erschüttert bei der Berührung meines Gemüthes, auch Deiner Lebenskraft ein erfrischender Reiz.

I.

Betrachtung.

Auch die äußere Welt, mit ihren ewigen Gesezen wie mit ihren flüchtigsten Erscheinungen, strahlt in tausend zarten und erhabenen Bildern gleich einem Zauberspiegel unsers Wesens Höchstes und Innerstes auf uns zurükk. Welche aber den lauten Aufforderungen ihres tiefen Gefühles nicht gehorchen, welche die leisen Seufzer des gemißhandelten Geistes nicht vernehmen, an diesen gehen auch die wohlthätigen Bilder verloren, deren sanfter Reiz den stumpfen Sinn schärfen soll und spielend belehren. Selbst von dem, was der eigne Verstand erdacht hat, und immer wieder hervorbringen muß, mißverstehn sie die wahre Deutung, und die innerste Absicht. So durchschneiden wir die unendliche Linie der Zeit in gleichen Entfernungen, an oft nur willkührlich durch den leichtesten Schein bestimmten Punkten, die für das Leben, weil alles abgemessene Schritte verschmäht, ganz gleichgültig sind, und nach denen nichts sich richten will, weder das Gebäude unsrer Werke, noch der Kranz unserer Empfindungen, noch das Spiel unserer Schikksale: und dennoch meinen wir mit diesen Abschnitten etwas mehr als eine Erleichterung für den Zahlenbewahrer, oder ein Kleinod für den Chronologen; bei jedem vielmehr knüpft sich daran unvermeidlich der ernste Gedanke, daß eine Theilung des Lebens möglich sei. Aber Wenige dringen ein in die tiefsinnige Allegorie, und verstehen den Sinn der vielfach wiederkehrenden Aufforderung.

Der Mensch kenne nichts als sein Dasein in der Zeit, und dessen gleitenden Wandel hinab von der sonnigen Höhe des Genusses in die furchtbare Nacht der Vernichtung; Vorstellung und Empfindung auseinander entwikkelnd und in einander verschlingend, so meinen sie, ziehe eine unsichtbare Hand den Faden seines Lebens fort, und drehe ihn jezt loser jezt fester zusammen, und weiter sei nichts. Je schneller seiner Gedanken und Empfindungen Folge, je reicher ihr Wechsel, je harmonischer und inniger ihre Verbindung, desto herrlicher sei das bedeutende Kunstwerk des Daseins vollendet; und wer noch überdies

seinen ganzen Zusammenhang mechanisch erklären
und auch die geheimsten Springfedern dieses Spiels
aufzeigen könne, der stände auf dem Gipfel der
Menschheit und des Selbstverständnisses. So
nehmen sie das zurükgeworfene Bild ihrer Thä=
tigkeit für ihr eigentliches Thun, die äußeren Be=
rührungspunkte ihrer Kraft mit dem was nicht
sie ist für ihr innerstes Wesen, die Atmosphäre
für die Welt selbst, um welche sie sich gebildet
hat. Wie wollten Solche die Aufforderung ver=
stehn, welche in jener Handlung liegt, der sie
nur gedankenlos zusehn! Der Punkt, der eine
Linie durchschneidet, ist nicht ein Theil von ihr,
er bezieht sich auf das Unendliche eben so eigent=
lich und unmittelbarer, als auf sie; und überall
in ihr kannst du einen solchen Punkt sezen. So
auch der Moment, in welchem du die Bahn des
Lebens theilst, soll selbst kein Theil des zeitlichen
Lebens sein; anders soll er sich erzeugen und ge=
stalten, um dir ein unmittelbares Bewußtsein
von deinen Beziehungen mit dem Ewigen und
Unendlichen zu erregen; und überall wo du willst,
kannst du so den Strom des zeitlichen Lebens
hemmen und durchschneiden. Darum erfreu ich
mich als einer bedeutungsvollen Mahnung an das
Göttliche in mir der schönen Einladung zu einem
unsterblichen Dasein ausserhalb des Gebietes der

Zeit, und freigesprochen von ihrem Gesez! Die aber um den Beruf zu diesem höhern Leben nicht wissen mitten im Strom der flüchtigen Gefühle und Gedanken, finden ihn auch dann nicht, wenn sie ohne zu wissen was sie thun, die Zeit messen und das irdische Leben abtheilen. Wenn sie lieber nichts merkten von dem was ihnen gesagt werden soll, daß nicht ihr eitles Thun und Treiben, indem es der hehren Einladung zu folgen strebt, so schmerzlich mein Gemüth bewegte! Wol mögen auch sie einen Punkt haben, den sie nicht ansehen als flüchtige Gegenwart, nur daß sie nicht verstehen ihn als Ewigkeit zu behandeln. Oft auf einen Augenblikk, bisweilen auf eine Stunde, nun gar auf einen Tag sprechen sie sich los von der Verpflichtung so emsig zu handeln, so eifrig Genuß und Einsicht anzustreben, wie es sonst auch der kleinste Theil des Lebens von ihnen verlangt, wenn er sie mahnt, daß er eben so bald Vergangenheit sein wird, als er noch kürzlich Zukunft war. Dann ekelt es sie Neues wahrnehmen, oder genießen, wirken oder hervorbringen; sie sezen sich ans Ufer des Lebens, aber können nichts thun, als in die tanzende Welle lächelnd hinabweinen. Gleich der trübsinnigen Wuth, die an des Mannes Grabe Weiber oder Sklaven mordet, so schlachten sie am Grabe des Jahres den Tag, der in leeren Fantasien vergeht, ein vergebliches Opfer.

Für den soll es kein Nachdenken und keine Betrachtung geben, der doch nicht das innere Wesen des Geistes darin erkennt! der soll nicht streben sich loszureißen von der Zeit, der doch in sich nichts kennt, was ihr nicht angehört! Denn wohin sollte er ihrem Strome entsteigen, und was könnte er sich erstreben, als fruchtloses Leiden und herbes Vernichtungsgefühl? Vergleichend wägt der Eine ab Genuß und Sorge der Vergangenheit, und will das Licht, das ihm aus der zurükgelegten Ferne noch nachschimmert, in ein einziges kleines Bild vereinigen, unter dem Brennpunkt der Erinnerung. Ein Anderer schauet an, was er gewirkt, den harten Kampf mit Welt und Schikfsal ruft er gern zurükk; und froh, daß es noch so geworden, sieht er hie und da auf dem neutralen Boden der gleichgültigen Wirklichkeit ein Denkmal stehen, das er sich aus dem trägen Stoff herausgebildet, obwohl Alles weit hinter seinem Vorsaz zurükk geblieben. Es forscht ein Dritter, was er wol gelernt, und schreitet stolz in viel erweiterten und vollgefüllten Speichern der Kenntnisse daher, erfreut, wie doch so vieles sich in ihm zusammendrängt. O kindisches Beginnen der eitlen Einbildung! Dem fehlt der

Kummer, den die Fantasie gebildet, und den aufzubewahren das Gedächtniß sich geschämt; es fehlet jenem der Beistand, den Welt und Schikksal selbst geleistet, wiewol er beide jezt nur feindlich begrüßen möchte; und dieser bringt nicht mit in Anschlag das Alte, was von dem Neuen verdrängt ward, die Gedanken, die er unter dem Denken, die Vorstellungen, die er unter dem Lernen wieder verlor, und niemals ist die Rechnung richtig. Doch wäre sie es, wie tief verwundets mich, daß Menschen denken mögen, dies sei Selbstbetrachtung, dies heiße Sich erkennen. Dafür auch wie dürftig endet das hochgepriesene Geschäft! die Fantasie ergreift das treue Bildniß der vergangenen Zeit, mit schönern Umgebungen nicht sparsam malt sie es in den leeren Raum der nächsten Zukunft, und sieht oft seufzend auf das Urbild noch zurükk. So ist die lezte Frucht nur jene eitle Hoffnung, daß Besseres kommen werde, oder jene gemeine Klage, daß dahin sei, was so schön gewesen, und daß der Stoff des Lebens mehr und mehr von Tag zu Tage schmelzend der schönen Flamme bald das Ende zeige. So zeichnet die Zeit mit leeren Wünschen und mit eitlen Klagen brandmarkend schmerzlich ihre Sklaven, die entrinnen wollten, und macht den Schlechtesten dem Besten gleich, den sie eben so sicher sich wieder haſcht. Wer ſtatt der Thätigkeit des Geiſtes, die verborgen in ſeiner Tiefe ſich regt, nur ihre äußere Erſcheinung kennt und ſieht; wer ſtatt Sich anzuſchaun nur immer von fern und nahe her ein Bild des äußern Lebens und ſeines Wechſels ſich zuſammenholt: der bleibt der Zeit und der Nothwendigkeit ein Sklave; was er ſinnt und denkt, trägt ihren Stempel, iſt ihr Eigenthum, und nie, auch wenn ſich ſelbſt er zu betrachten wähnt, iſt ihm vergönnt das heilige Gebiet der Freiheit zu betreten. Denn in dem Bilde, was er ſich von ſich entwirft, iſt er ſich ſelbſt zum äußern Gegenſtand geworden, wie alles andere ihm iſt: und alles darin iſt nur durch äußere Verhältniſſe beſtimmt. Wie ihm ſein Daſein erſcheint, was er dabei ſich denkt und fühlt, alles hängt ab vom Gehalt der Zeit, und von desjenigen Beſchaffenheit, was ihn berührt hat. Wer mit thieriſchem Gemüthe nur den Genuß ſucht, dem ſcheint ſein Leben arm oder reich, nachdem der angenehmen Augenblikke viel oder wenig verſtrichen ſind in gleicher Zeit; und dieſes Bild betrachtet er mit Wohlgefallen oder nicht, je wie das günſtigſte darin das erſte oder lezte war. Wer ein anmuthiges und geprieſenes Leben bilden wollte, hängt ab von Anderer Urtheil über ſich, vom Boden auf dem er ſtand, und von dem

Stoff, den seiner Arbeit das Schikksal vorgelegt; so auch wer wohlthätig zu wirken strebte. Die beugen alle sich dem Zepter der Nothwendigkeit, und seufzen unter dem Fluch der Zeit, die nichts bestehn läßt.

Wie ihnen beim Leben zu Muthe ist, das gemahnt mich, wie wenn mannigfaltiger Töne kunstreiche Harmonie dem Ohr vorbeigerollt und nun verhallt ist, und dann mit dürftigem Nachklang sich des Halbkenners Fantasie noch abquält, und dem nachseufzt, was nicht wiederkehrt. Und so ist freilich das Leben nur eine flüchtige Harmonie, aus der Berührung des Vergänglichen und des Ewigen entsprungen: aber der Mensch ist gleich der kunstreichen Stimme aus der jene Harmonie hervorgeht, der Anschauung ein unvergänglicher Gegenstand. Frei steht vor mir sein innerstes Handeln, in dem sein wahres Wesen besteht; und wenn ich dieses betrachte, fühle ich mich auf dem heiligen Boden der Freiheit, und fern von allen unwürdigen Schranken. Darum muß auf mich selbst mein Auge gerichtet sein, um jeden Moment nicht nur verstreichen zu lassen als einen Theil der Zeit, sondern als Element der Ewigkeit ihn festzuhalten, und als inneres freies Leben ihn anzuschauen.

Nur für den giebts Freiheit und Unendlich=

keit, der wohl zu sondern weiß, was in seinem
Dasein Er selbst ist und was fremdes, was in
der Welt ihm fremdes, was Er selbst; ja nur
für den, der klar das große Räthsel, wie beides
zu scheiden ist, und wie es in einander wirket,
sich gelöst, ein Räthsel, in dessen alten Finster=
nissen noch Tausende sich quälen, und hingegeben,
weil das eigne Licht verloschen, dem trügerischsten
Scheine folgen müssen. Die Außenwelt, die Welt
vom Geist geleert, ist jedem von der Menge das
größte und erste, der Geist ein kleiner Gast nur
auf der Welt, nicht sicher seines Orts und seiner
Kräfte. Mir stellt der Geist, die Innenwelt,
sich kühn der Außenwelt, dem Reich des Stoffs,
der Dinge, gegenüber. Deutet nicht des Geistes
Vermählung mit dem Leibe auf seine große Ver=
mählung mit allem was leibähnlich ist? Erfaß
ich nicht mit meiner Sinne Kraft die Außenwelt?
trag ich nicht die ewigen Formen der Dinge ewig
in mir? und erkenn ich sie nicht so nur als den
hellen Spiegel meines Innern? Jene fühlen sich
voll Ehrfurcht ja in Furcht danieder gedrükkt von
den unendlich großen und schweren Massen des
Erdenstoffes, zwischen denen sie so klein sich und
so unbedeutend scheinen; mir ist das alles nur
der große gemeinschaftliche Leib der Menschheit,
wie der eigne Leib dem Einzelnen gehört, ihr

angehörig, nur durch sie möglich und ihr mitgegeben, daß sie ihn beherrsche, sich durch ihn verkünde. Ihr freies Thun ist auf ihn hingerichtet, um alle seine Pulse zu fühlen, ihn zu bilden, alles sich in Organe umzuwandeln, und alle seine Theile mit der Gegenwart des königlichen Geistes zu zeichnen, zu beleben. So ist die Erde mir der Schauplaz meines freien Thuns; und auch in jeglichem Gefühl, wie sehr die Außenwelt es ganz mir aufzudringen scheine, in denen auch, worin ich ihre und des großen Ganzen Gemeinschaft empfinde, dennoch freie innere Thätigkeit. Nichts ist nur Wirkung von ihr auf mich, nein immer geht auch Wirkung von mir aus auf sie; und nicht in anderm Sinne fühl ich mich durch sie beschränkt als durch den eigenen Leib. Doch was ich wahrhaft mir dem Einzelnen entgegensetze, was mir zunächst Welt ist, Allgegenwart und Allmacht in sich schließend, das ist die ewige Gemeinschaft der Geister, ihr Einfluß auf einander, ihr gegenseitig Bilden, die hohe Harmonie der Freiheit. Und ihr gebührt es zu verwandeln und zu bilden die Oberfläche meines Wesens, und auf mich einzuwirken. Hier, und nur hier ist der Nothwendigkeit Gebiet. Mein Thun ist frei, nicht so mein Wirken in der Welt der Geister; das folget ewigen Gesezen. Es stößt die Freiheit an der Freiheit sich, und was geschieht, trägt der Beschränkung und Gemeinschaft Zeichen. Ja, du bist überall das erste, heilige Freiheit! du wohnst in mir, in Allen; Nothwendigkeit ist außer uns gesezt, ist der bestimmte Ton vom schönen Zusammenstoß der Freiheit, der ihr Dasein verkündet. Mich kann ich nur als Freiheit anschaun; was nothwendig ist, ist nicht mein Thun, es ist sein Widerschein, es sind die Elemente der Welt, die in der fröhlichen Gemeinschaft mit Allen ich erschaffen helfe. Ihr gehören die Werke, die auf gemeinschaftlichem Boden mit Andern ich erbaut als meinen Antheil an der Schöpfung, die unsere inneren Gedanken darstellt; ihr der bald steigenden bald fallenden Gefühle Gehalt; ihr die Bilder, die kommen und vergehn, und was sonst wechselnd ins Gemüth die Zeit bringt und hinweg nimmt, als Zeichen, daß Geist und Geist sich liebevoll begegnet, als den Kuß der Freundschaft zwischen beiden, der sich anders immer wiederholt. Dies geht, der Tanz der Horen, melodisch und harmonisch nach dem Zeitmaaß; doch Freiheit sezt die Harmonie und giebt die Tonart, und alle zarten Uebergänge sind ihr Werk; sie gehen aus dem innern Handeln und aus dem eignen Sinn des Menschen selbst hervor.

So ist die Freiheit mir in allem das ursprüngliche, und wie das erste so das innerste. Wenn ich in mich zurükgeh, um sie anzuschaun: so ist mein Blikk auch ausgewandert aus dem Gebiet der Zeit, und frei von der Nothwendigkeit Schranken; es weichet jedes drükkende Gefühl der Knechtschaft, es wird der Geist sein schöpferisches Wesen inne, das Licht der Gottheit geht mir auf, und scheucht die Nebel weit zurükk, in denen jene traurig irrend wandeln. Und wie ich mich finde, wie mich erkenne durch die Betrachtung, das hängt nicht ab von Schikksal oder Glükk, nicht davon, wie viel der frohen Stunden ich geerndtet, noch was gefördert ist und feststeht durch mein Thun, und wie die äußere Darstellung dem Willen ist gelungen: denn das ist alles ja nicht Ich, ist nur die Welt. Es mochte das Handeln, welches ich betrachte, darauf gerichtet sein, der Menschheit ihren großen Körper zu eignen, ihn zu nähren, die Organe ihm zu schärfen, oder mimisch und kunstreich ihn zu bilden zum Abdrukk der Vernunft und des Gemüthes: wie ich ihn bei dem Geschäft zu meinem Dienst schon tüchtig fand, wie leicht zu bilden und zu beherrschen die rohe Masse durch des Geistes Macht, dadurch wird zwar die Herrschaft bezeichnet, die schon die Freiheit Aller über ihn geübt, es wird bestimmt, was weiter erfolgen kann, was nicht; allein des

Handelns innere Kraft wird dadurch nicht bestimmt, mich selbst fühl ich darum nicht besser und nicht schlechter, ob die äußeren Bedingungen des Handelns ungünstig sind, ob günstig, noch sind ich, daß dadurch die Welt mit eiserner Nothwendigkeit mir vorgezeichnet, wie viel ich sein darf. Und wie der starken gesunden Seele der Schmerz die Herrschaft über ihren Leib nicht leicht entreißet: so fühl auch ich mich frei beseelend und regierend den rohen Stoff, gleichviel ob Schmerz ob Freude folge. Es zeigen beide das innere Leben an, und inneres Leben ist des Geistes Werk und freie That. — Oder war mein Thun darauf gerichtet, die Menschheit in mir zu bestimmen, von ihr in eigener Gestalt und festen Zügen eine Seite darzustellen, und so selbst werdend Welt zugleich zu bilden, indem ich der Gemeinschaft freier Geister ein eigenes und freies Handeln darbot: es bleibt dasselbe dem darauf gewandten Blikk, ob nun unmittelbar etwas daraus entstand, das außer mir auch und für Andre feststeht, ob nicht; und ob mein Handeln gleich dem Handeln eines Andern sich verband, ob nicht. Mein Thun war doch nicht leer; bin ich nur in mir selbst bestimmter und eigenthümlicher geworden, so hab ich durch mein Werden auch dazu doch den Grund gelegt, daß anders als zuvor, seis früher oder später, das Handeln eines Andern auf meines treffend sichtbare That vermählend stiftet. Daher denn kehr ich nimmer traurig von der Betrachtung meiner selbst zurükk, noch sing ich jemals dem gebrochenen Willen, dem überwundenen Entschlusse Klagelieder nach, gleich denen, welche nicht ins Innere dringen, und nur im Einzelnen und Aeußern sich selbst zu finden wähnen.

Klar wie der Unterschied des Innern und Aeußern vor mir steht, so weiß ich, wer ich bin, und finde mich selbst im innern Handeln nur, im Aeußern nur die Welt; und beides weiß ich wol zu scheiden, nicht ungewiß wie Jene zwischen beiden schwankend in verwirrungsvoller Dunkelheit. Drum weiß ich auch, wo Freiheit ist zu suchen und ihr heiliges Gefühl, das dem sich stets verweigert, dessen Blikk nur auf dem äußern Thun und Leben der Menschen weilet. Wie sehr ein solcher sich vertiefen mag in tausend Irrgängen der Betrachtung sinnend und denkend hin und her; und könnt' er alles leicht erreichen: diesen Begriff versagt sein Denken ihm. Er folgt nicht nur dem Winke der Nothwendigkeit: in abergläubiger Weisheit, in knechtischer Demuth muß er sie suchen, muß sie glauben, auch wo er sie nicht sieht; und Freiheit scheint ihm nur eine Larve, hinter welche bald zum Scherz bald ernst betrügerisch sich die Nothwendigkeit verbirgt. So sieht der Sinnliche, wie nur äußerlich sein Thun ist und sein Denken, auch Alles nur vereinzelt und äußerlich. Er kann sich selbst auch für nichts andres nehmen als einen Inbegriff von flüchtigen Erscheinungen, deren immer eine die andere aufhebt und zerstört, die nicht zusammen zu begreifen sind; ein volles Bild von seinem Wesen zerfließt in tausend Widersprüchen ihm. Wol widerspricht im äußerlichen Wirken ein Einzelnes dem andern, das Wirken hebt Leiden auf, das Denken zerstört Empfindung, und das Anschauen bringt unthätige Ruhe den regen Kräften, die nach außen streben, ab. Im Innern aber ist alles Eins, ein jedes Handeln ist Ergänzung nur zum andern, in jedem ist das andere auch enthalten. Drum hebt auch weit über das Einzelne, das in bestimmter Folge und festen Schranken sich übersehen läßt, die Selbstanschauung mich hinaus. Es giebt kein Handeln in mir, das ich vereinzelt recht betrachten, keines, von dem ich dann sagen könnte, es sei ein Ganzes. Ein jedes Thun führt immer mich auf die ganze Einheit meines Wesens zurükk, nichts ist getheilt, und jede Thätigkeit begleitet die andere; es findet die Betrachtung keine Schranken, muß immer unvollendet bleiben, wenn sie lebendig bleiben will. Mein ganzes Wesen kann ich wieder nicht vernehmen, ohne die Menschheit anzuschauen, und meinen Ort und Stand in ihrem

Reich mir zu bestimmen; und die Menschheit, wer vermöchte sie zu denken, ohne daß Sehnsucht ihn erfüllte, sich ins unermeßliche Gebiet aller Gestaltungen und Stufen des Geistes denkend zu verlieren.

Sie ist es also die hohe Selbstbetrachtung, und sie ist es allein, die mich in Stand sezt, der erhabenen Forderung zu genügen, daß der Mensch nicht sterblich nur im Reich der Zeit, auch im Gebiet der Ewigkeit unsterblich, nicht irdisch nur auch göttlich soll sein Leben führen. Leicht fließt dahin mein irdisch Thun im Strom der Zeit, es wandeln sich Vorstellungen und Gefühle, und ich vermag nicht eines festzuhalten; schnell fliegt vorbei der Schauplaz, den ich spielend mir gebildet, und auf der sichern Welle führt der Strom mich Neuem stets entgegen: so oft ich aber ins innere Selbst den Blikk zurükkwende, bin ich zugleich im Reich der Ewigkeit; ich schaue des Geistes Leben an, das keine Welt verwandeln, und keine Zeit zerstören kann, das selbst erst Welt und Zeit erschafft. Auch bedarf es nicht etwa der Stunde, die ein Jahr von dem andern trennt, mich aufzufordern zum Genuß des ewigen, und mir das Auge des Geistes zu wekken, welches Vielen ja geschlossen ist, wenn auch das Herz schlägt, und die Glieder sich regen. Immer möchte das göttliche Leben führen, wer es einmal gekostet hat: jegliches Thun soll begleiten der Blikk in des Geistes Geheimnisse; so kann jeden Augenblikk der Mensch auch über der Zeit leben, zugleich in der höheren Welt.

Es sagen zwar die Weisen selbst, mäßig sollest du dich mit Einem begnügen, Leben sei Eins, und in der Tiefe der Betrachtung sich verlieren, ein Anderes; indem du getragen werdest von der Zeit geschäftig in der Welt, könnest du nicht zugleich ruhig dich anschauen in deinem innersten Wesen. Es sagen die Künstler, indem du bildest und dichtest, müsse die Seele ganz verloren sein in das Werk, und dürfe nicht wissen, was sie beginnt. Aber wage es, meine Seele, troz der verständigen Warnung! eile entgegen deinem Ziele, das ein anderes vielleicht ist, als das ihre. Mehr kann der Mensch als er meint; aber auch dem Höchsten nachstrebend, erreicht er nur Einiges. Kann das geheimste innerste Denken des Weisen zugleich ein äußeres Handeln sein hinaus in die Welt zur Mittheilung und Belehrung; warum soll denn nicht äußeres Handeln in der Welt, was es auch sei, zugleich sein können ein stilles Betrachten des Handelns? Ist das Schauen des Geistes in sich selbst die göttliche Quelle alles Bildens und Dichtens, und findet er nur in sich, was er darstellt im unsterblichen Werk: warum soll nicht bei allem Bilden und Dichten, das

immer nur ihn darstellt, er auch zurükfschauen in
sich selbst? Theile nicht was ewig vereint ist, dein
Wesen, das weder das Thun noch das Wissen um
sein Thun entbehren kann, ohne sich zu zerstören!
Bewege Alles in der Welt, und richte aus was
du vermagst, gieb dich hin dem Gefühl deiner
angebornen Schranken, bearbeite jedes Mittel der
geistigen Gemeinschaft, stelle dar dein Eigenthüm=
liches, und zeichne mit deinem Gepräge alles was
dich umgiebt, arbeite an den heiligen Werken der
Menschheit, ziehe an die befreundeten Geister: aber
immer schaue in dich selbst, wisse was du thust,
und erkenne deines Handelns Maaß und Gestalt.
Der Gedanke, mit dem sie die Gottheit zu denken
meinen, welchen sie nimmer erreichen, hat doch die
Wahrheit eines schönen Sinnbildes von dem, was
der Mensch sein soll. Kraft seines Willens ist die
Welt da für den Geist; höchste Freiheit ist die
Thätigkeit, die sich in seinem wechselnden sie bil=
denden Handeln ausdrükft; und unverrükft in die=
sem Handeln sich seiner selbst bewußt, als immer
desselben, feiert er ein seliges Leben. So daß
der Geist nichts bedarf als sich selbst; und weder
vergeht je die Betrachtung dem zurükfbleibenden Ge=
genstand, noch stirbt der Gegenstand vor der über=
lebenden Betrachtung. So haben sie auch gedichtet
die Unsterblichkeit, die sie allzugenügsam erst nach

der Zeit suchen, statt inner und über der Zeit, und ihre Fabeln sind weiser als sie selbst. Dem sinnlichen Menschen erscheint ja das innere Handeln nur als ein Schatten der äußeren That, und ins Reich der Schatten haben sie die Seele auf ewig gesezt, und gemeint, daß dort unten nur ein dürftiges Bild der frühern Thätigkeit ein dunkles Leben ihr friste: aber klarer als der Olymp ist das, was der dürftige Sinn verbannte in unterirdische Finsterniß, und das Reich der Schatten sei mir schon hier das Urbild der Wirklichkeit. Jenseit der zeitlichen Welt liegt ihnen ja die Gottheit, und die Gottheit anzuschaun und zu loben haben sie den Menschen nach dem Tode auf ewig befreit von den Schranken der Zeit: aber es schwebt schon jezt der Geist über der zeitlichen Welt, und solches Schauen ist Ewigkeit, und unsterblicher Gesänge himmlischer Genuß. Beginne darum schon jezt dein ewiges Leben in steter Selbstbetrachtung; sorge nicht um das, was kommen wird, weine nicht um das, was vergeht: aber sorge dich selbst nicht zu verlieren, und weine, wenn du dahin treibst im Strome der Zeit, ohne den Himmel in dir zu tragen.

II.
Prüfungen.

Es scheuen die Menschen in sich selbst zu sehn, und knechtisch erzittern Viele, wenn sie endlich länger nicht der Frage ausweichen können, was sie gethan, was sie geworden, wer sie sind. Aengstlich ist ihnen das Geschäft, und ungewiß der Ausgang. Sie meinen, leichter könne ein Mensch den andern kennen, als sich selbst; sie glauben nur würdige Bescheidenheit zu zeigen, wenn sie nach der strengsten Untersuchung sich noch den Irrthum in der Rechnung vorbehalten. Doch ist es nur der Wille, der den Menschen vor sich selbst verbirgt; das Urtheil kann nicht irren, wenn er anders den Blick nur wirklich auf sich wendet. Aber das ist es, was sie weder können noch mögen. Es halten das Leben und die Welt sie ganz gebunden, und absichtlich das Auge beschränkt, um ja nichts anders wahrzunehmen, erblikken sie stets von sich nur trüben Schatten, gauklerischen Widerschein. Den Andern zwar kann ich nur aus seinen Thaten kennen, denn niemals tritt sein inneres Leben selbst vor mein Auge. Was eigentlich er strebte, kann ich unmittelbar nie wissen; nur die Thaten vergleich ich unter sich, und darf unsicher nur vermuthen, worauf die Handlung wol in ihm gerichtet war, und welcher Geist ihn trieb. Doch Schmach, wer auch sich selbst nur wie der Fremde den Fremden betrachtet! wer auch um sein eignes innres Leben nicht weiß, und wunder wie klug sich dünket, indem er nur den lezten auf äußere That gerichteten Entschluß belauschet, mit dem Gefühl das ihn begleitet, mit dem Begriff, der ihm unmittelbar voranging, ihn zusammenstellt! Wie will der je den Andern oder sich erkennen? was kann beim Schluß vom Aeußern auf das Innere die schwankende Vermuthung leiten, dem der auf nichts unmittelbar Gewisses bauend mit lauter unbekannten Größen rechnen will? Ein stetes Vorgefühl des Irrthums erzeugt ihm Bangigkeit; die dunkle Ahndung, er sei selbst verschuldet, beengt das Herz; und unstät schweifen die Gedanken aus Scheu vor jenem kleinen Antheil des Selbstbewußtseins, den leider herabgewürdigt zum

Zuchtmeister er bei sich tragen, und ungern öfters hören muß.

Wol haben sie Ursach zu besorgen, wenn sie redlich das innere Thun, das ihrem Leben zum Grunde lag, erforschten, sie möchten oft nicht die Vernunft darin erkennen, und möchten das Gewissen, dieses Bewußtsein der Menschheit, schwer verlezet sehen: denn wer sein leztes Handeln nicht betrachtet hat, kann auch nicht Bürgschaft leisten, ob er beim nächsten noch bewähren wird, daß er der Menschheit angehöre, und ihrer werth sich zeigen. Den Faden des Selbstbewußtseins hat ein solcher seis niemals angesponnen, seis wieder zerrissen, hat sich einmal nur der äußern Vorstellung, dem niederen Gefühl ergeben, und dem entsagt, worin am deutlichsten die höhere Natur sich zeigt; wie kann er wissen, ob er nicht in plumpe Thierheit ist hinabgestürzt? Die Menschheit in sich selbst betrachten, und wenn man einmal sie gefunden, nie den Blikk von ihr verwenden, dies ist das einzige sichere Mittel, aus ihrem heiligen Gebiet nie zu verirren, und nie das edelste Gefühl des eignen Selbst zu vermissen. Dies ist die innige und nothwendige, nur Thoren und Menschen trägen Sinnes unerklärte und geheimnißvolle Verbindung zwischen Thun und Schauen. Ein wahrhaft menschlich Handeln erzeugt das klare Bewußtsein der Menschheit in mir, und dies Bewußtsein läßt kein anderes als der Menschheit würdiges Handeln zu. Wer sich zu dieser Klarheit nie erheben kann, den treibt vergeblich dunkle Ahndung nur umher; vergebens wird er erzogen und gewöhnt, sinnt sich tausend hülfreiche Künste aus, und faßt Entschlüsse, um sich gewaltsam wieder hinein zu drängen in die verlassene Gemeinschaft: es öffnen sich die heiligen Schranken nicht, er bleibt auf ungeweihtem Boden, und kann nicht der gereizten Gottheit Verfolgungen entgehen, und dem schmählichen Gefühle der Verbannung aus dem Vaterlande. Eitler Tand ists immer und leeres Beginnen, im Reich der Freiheit Regeln geben und Versuche machen. Ein einziger freier Entschluß gehört dazu ein Mensch zu sein: wer den einmal gefaßt, wirds immer bleiben; wer aufhört es zu sein, ists nie gewesen.

Mit stolzer Freude denk ich noch der Zeit, da ich das Bewußtsein der Menschheit fand, und wußte, daß ich nun nie es mehr verlieren würde. Von innen kam die hohe Offenbarung, durch keine Tugendlehren und kein System der Weisen hervorgebracht: das lange Suchen, dem nicht dies nicht jene genügen wollten, krönte ein heller Augenblikk; die Freiheit löste die dunklen Zweifel durch die That. Ich darf es sagen, daß ich nie seitdem mich selbst verloren. Was sie Gewissen nennen, kenne ich so nicht mehr; so straft mich kein Gefühl, so braucht mich keines zu mahnen. Auch streb ich nicht seitdem nach der und jener Tugend, und freue mich besonders dieser oder jener Handlung, wie Jene, denen nur im flüchtigen Leben einzeln und bisweilen ein zweifelhaftes Zeugniß der Vernunft erscheint. In stiller Ruhe, in wechselloser Einfalt führ ich ununterbrochen das Bewußtsein der ganzen Menschheit in mir. Gern und leichtes Herzens seh ich oft mein Handeln im Zusammenhang, und sicher daß ich nirgend etwas, was die Vernunft verläugnen müßte, finden werde.

Wenn dies das Einzige wäre, was ich von mir fordere: wie lange könnt ich mich zur Ruhe begeben, und vollendet das Ende suchen! Denn unerschüttert fest steht die Gewißheit, und es würde mir strafwürdige Feigheit scheinen, die mein Sinn nicht kennt, wenn ich von langer Lebenszeit erst vollere Bestätigung erwarten, und bange zweifeln wollte, ob nicht doch etwas sich ereignen könnte, was im Stande wäre mich hinabzustürzen von der Höhe der Vernunft zu thierischer Verworrenheit und sinnlicher Vereinzelung. Aber Zweifel sind auch mir noch mitgegeben; es ward ein anderes und höheres Ziel mir vorgesteckt, als jenes erreicht war, und bald stärker bald schwächer es im Auge habend, weiß nicht immer die Selbstbetrachtung, auf welchem Wege ich mich ihm nähere, auf welchem Punkt des Weges ich stehe, und schwankt im Urtheil. Doch wird es sicherer und bestätigt sich mehr, je öfter ich wiederkehre zur alten Untersuchung. Wär aber auch Gewißheit mir noch so fern, ich wollte doch nur schweigend suchen und nicht klagen: denn stärker als der Zweifel ist die Freude, gefunden zu haben was ich suchen soll, und dem gemeinen Wahn entronnen zu sein, der viele der Besseren zeitlebens täuscht, und sie verhindert, zur rechten Höhe des Lebens sich empor zu schwingen. Lange genügte es auch mir nur die Vernunft gefunden zu haben; und die Gleichheit des Einen Daseins als das Einzige und Höchste verehrend glaubte ich, es gebe nur Ein Rechtes für jeden Fall, es müsse das Handeln in Allen dasselbe sein, und nur wiefern doch Jedem seine eigne Lage, sein eigner Ort gegeben sei, unterscheide sich Einer vom Andern. Nur in der Mannigfaltigkeit der äußern Thaten offenbare sich verschieden die Menschheit; der innere Mensch, der Einzelne sei nicht ein eigenthümlich gebildet Wesen, sondern überall ein jeder an sich dem andern gleich.

So besinnt sich nur allmählig der Mensch, und nicht vollkommen Alle! Wenn einer die unwürdige Einzelheit des sinnlichen thierischen Lebens verschmähend das Bewußtsein der allgemeinen Menschheit gewinnt, und vor der Pflicht sich niederwirft, vermag er nicht sogleich auch zu der höhern Eigenheit der Bildung und der Sittlichkeit empor zu blikken, und die Natur, die durch die Freiheit ausgebildet mit ihr ganz eins geworden, zu schauen und zu verstehen. In unbestimmter Mitte schwebend erhalten sich die Meisten, und zeigen zwar wirklich alle Bestandtheile der Menschheit: aber wie das Gestein, dem Ruhe nicht ward noch Raum zur eigenthümlichen Gestaltung sich zu krystallisiren, nur als rohe Masse erscheint: so alle die, welche den Gedanken der Eigenthümlichkeit des Einzelwesens nicht gefaßt. Mich hat er ergriffen. Nicht lange beruhigte mich das Gefühl der Freiheit allein; ich fragte warum doch die Persönlichkeit und die Einheit des fließenden vergänglichen Bewußtseins in mir; und es drängte mich ein höheres sittliches zu suchen, dessen Bedeutung sie wäre. Mir wollte nicht genügen, daß die Menschheit nur dasein sollte als eine gleichförmige Masse, die zwar äußerlich zerstükkelt erschiene, doch so, daß alles innerlich dasselbe sei. Es nahm mich Wunder, daß die besondere geistige Gestalt der Menschen ganz ohne innern Grund auf äußere Weise nur durch Reibung und Berührung sich sollte zur zusammengehaltnen Einheit der vorübergehenden Erscheinung bilden.

So ist mir aufgegangen, was seitdem am meisten mich erhebt; so ist mir klar geworden, daß jeder Mensch auf eigne Art die Menschheit darstellen soll, in eigner Mischung ihrer Elemente, damit auf jede Weise sie sich offenbare, und Alles wirklich werde in der Fülle des Raumes und der Zeit, was irgend verschiedenes aus ihrem Schooße hervorgehn kann. Mich hat vorzüglich dieser Gedanke emporgehoben und gesondert von dem geringeren und ungebildeten das mich umgiebt; ich fühle mich durch ihn ein einzeln gewolltes also auserlesenes Werk der Gottheit, das besonderer Gestalt und Bildung sich erfreuen soll; und die freie That, zu der dieser Gedanke gehört, hat versammelt und innig verbunden zu einem eigenthümlichen Dasein die Elemente der menschlichen Natur. Hätt ich stets seitdem das Eigene in meinem Thun auch so bestimmt gefühlt und so beharrlich es betrachtet, wie ich immer das Menschliche in mir geschaut; wär ich jedes Handelns und Beschränkens, das Folge ist von jener freien That, mir eigens bewußt geworden, und hätte

ich unverrükkt auch jeder Aeußerung der Natur
bei ihrer weitern Bildung recht zugesehen: so
könnt ich auch darüber keinen Zweifel hegen, wel=
ches Gebiet der Menschheit mir angehöre, und
wo von meiner Ausdehnung und meinen Schran=
ken der gemeinschaftliche Grund zu suchen sei;
den ganzen Inhalt meines Wesens müßt ich genau
ermessen, auf allen Punkten meine Grenzen kennen,
und prophetisch wissen, was ich noch sein und
werden kann. Allein nur schwer und spät ge=
langt der Mensch zum vollen Bewußtsein seiner
Eigenthümlichkeit; nicht immer wagt ers darauf
hinzusehn, und richtet lieber das Auge auf den
Gemeinbesiz der Menschheit, den er liebend und
dankbar schon länger fest hält, ja zweifelt oft, ob
ihm gebühre sich als eignes Wesen wieder gewis=
sermaßen loszureißen aus der Gemeinschaft, und
ob er nicht Gefahr laufe wieder zurükkzusinken
in die alte strafwürdige Beschränktheit auf den
engen Kreis der äußeren Persönlichkeit, das
Sinnliche verwechselnd mit dem Geistigen, und
spät erst lernt er recht das höchste Vorrecht schä=
zen und gebrauchen. So muß das unterbrochene
Bewußtsein lange schwankend bleiben; das eigenste
Bestreben der Natur wird oftmals nicht bemerkt,
und wenn am deutlichsten sich ihre Schranken
offenbaren, gleitet das Auge nur allzu leicht oft

an den Umrissen vorbei, und hält da nur das unbestimmte gemeinsame fest, wo eben in der Verneinung sich das eigne zeigt. Zufrieden darf ich damit sein, wie weit der Wille die Trägheit schon gezähmt, und wie die Uebung den Blick geschärft, dem wenig mehr entgeht. Wo ich jezt, was es sei, nach meinem Geist und Sinne betreibe, da stellt die Fantasie zum deutlichsten Beweise der inneren Bestimmtheit noch tausend Arten vor, wie ohne der Menschheit Geseze zu verlezen anders gehandelt werden konnte, in anderm Geist und Sinn; ich denke mich in tausend Bildungen hinein, um desto deutlicher die eigne zu erblicken.

Doch weil noch nicht vollendet das Bild in allen Zügen vor mir steht, und weil noch nicht ein immer ununterbrochener Zusammenhang des hellen Selbstbewußtseins mir für seine Wahrheit bürgt, darf auch noch nicht in immer gleicher und ruhiger Haltung die Selbstbetrachtung gehn; absichtlich muß sie öfter sich das ganze Thun und Streben und die Geschichte meines Selbst vergegenwärtigen, und darf der Freunde Meinung, die ich gern ins Innere schauen lasse, nicht überhören, wenn ihre Stimme von dem eignen Urtheil abweicht. Zwar schein ich mir derselbe noch zu sein, der ich gewesen, als mein besseres Leben anfing, nur fester und bestimmter. Wie sollt auch wohl der Mensch, nachdem er einmal zum unabhängigen und eigenen Dasein gelangt ist, mitten im werden und sich bilden plözlich eine andere Richtung nehmen in sich selbst? oder wie sollt es ihm begegnen, ohne daß ers wüßte? Was uns nicht selten so erscheint, ist doch gewiß entweder nur Schein, der auf dem Wechsel der äußern Gegenstände beruht, oder es ist Berichtigung unserer früheren Ansicht, und enthüllt uns tiefer eines Menschen inneres Wesen, den wir vorher zu flüchtig falsch beurtheilt. Vor allem aber mich selbst habe ich entweder nie verstanden, oder ich bin noch jezt der ich zu sein geglaubt; und jeder scheinbare Widerspruch muß mir, wenn die Betrachtung ihn gelöst, nur um so sicherer zeigen, wo und wie die lezten Enden meines Wesens verborgen und zur Harmonie verbunden sind.

Von allen Gegensäzen im Beruf und Thun der Menschen, in denen sich zugleich die Verschiedenheit ihrer Naturen bekundet, tritt immer noch dieser mir, was mich betrifft, am stärksten entgegen. Die Menschheit in sich zu einer entschiedenen Gestalt durch wechselreiches Handeln bilden, und sie kunstreiche Werke verfertigend äußerlich so darstellen, daß jeder, was man zeigen wollte, erkennen muß, dies beides ist zu sehr zweierlei, als daß es Vielen könnte in gleichem Maße beschieden sein. Wer freilich noch in dem äußern Vorhof der Sittlichkeit sich aufhält, und als Neuling, aus Furcht sich zu beschränken, noch fester Bestimmung abhold ist, der wird gern beides in rohen Versuchen durch einander werfen, in beiden wenig leistend; und so schwankt auch das Leben der meisten Menschen von einer zu der andern Seite. Doch wer schon tiefer eingedrungen ist in das Heiligthum der Sittlichkeit, wird bald dem einen vorzugsweise nachstreben, und nur sparsame Gemeinschaft bleibt ihm übrig mit dem andern. Erst am Ende scheinen sich beide Bahnen einander wieder zu nähern, so daß beides zu vereinen nur eine solche Vollkommenheit vermag, die selten der Mensch erreicht. Wie könnte mirs zweifelhaft erscheinen, welche von beiden ich gewählt? So ganz entschieden vermied ich immer mich um das zu mühen, was den Künstler macht, so sehnsuchtsvoll ergriff ich Alles, was der eignen Bildung frommt, und ihre Bestimmung beschleunigt und befestigt, daß hier kein Zweifel bleibt. Es jagt der Künstler von allem, was Zeichen und Symbol der Menschheit werden kann, mit ungetheilter Liebe einem nach; der wühlt den Schaz der Sprachen durch, das Chaos der Töne bildet der zur Welt; der sucht geheimen Sinn und Harmonie im schönen Farbenspiele der Natur;

in jedem Werk das sich ihnen darstellt, ergründen
sie den Eindruk aller Theile, des Ganzen Zu=
sammenfassung und Gesez, und freuen sich des
kunstreichen Gefäßes mehr oft als des köstlichen
Gehaltes, den es darbeut. Dann bilden sich in
ihnen neue Gedanken zu neuen Werken, sie näh=
ren heimlich sich im Gemüth und wachsen in stiller
Verborgenheit gepflegt. Es rastet nimmer der
Fleiß, es wechseln Entwurf und Ausführung. Es
bessert immer allmählig die Uebung unermüdet,
das reifere Urtheil zügelt und bändigt die Fan=
tasie, so geht des Künstlers bildende Natur ent=
gegen dem Ziele der Vollkommenheit.

Mir aber hat dies Alles nur an Andern der
Sinn erspäht, doch meinem eignen Treiben bleibt
es fremd. Andächtig zwar betrachte ich gern der
Künstler Werke; aber aus jedem Kunstwerk strah=
let mir, was menschliches darin ist abgebildet,
weit heller als des Bildners Kunst entgegen; nur
mit Mühe ergreif ich diese in späterer Betrach=
tung, und erkenne nur ein wenig von ihrem We=
sen. Ich gebe frei mich hin der freien Natur:
und wie sie ihre schönen bedeutungsvollen Zeichen
mir darbeut, wekken sie alle in mir Empfindun=
gen und Gedanken, ohne daß michs je gewaltsam
drängte, was ich geschaut umbildend anders und
bestimmter zu eignem Werke zu gestalten. Und

muß ich irgend wie darstellen, niemals liegt es
mir am Herzen dem Stoff die lezte Spur des
Widerstrebens wegzuglätten, das Werk bis zur
Vollendung zu zwingen, wie der Künstler strebt;
drum scheue ich Uebung, und wenn ich einmal
in Handlung dargestellt, was in mir wohnt, so
muß ich mich nicht weiter, daß etwas schöner
immer und faßlicher die That sich oft erneue.
Die freie Muße ist meine liebe Göttin, da lernt
im unbefangnen Sinnen der Mensch sich selbst
begreifen und bestimmen, da gründet der Gedanke
seine Macht, und herrscht dann leicht über Alles,
wenn die Welt auch Thaten von ihm fordert.
Drum darf ich auch nicht, wie der Künstler, ein-
sam bilden; es trokknen mir in der Einsamkeit
die Säfte des Gemüths, es stokket der Gedanken
Lauf; ich muß hinaus in mancherlei Gemeinschaft
mit den andern Geistern, nicht nur zu schauen,
wieviel es menschliches giebt was lange ja wol
immer mir fremde bleibt, und was hingegen mein
eigen werden kann, nein auch immer fester durch
Geben und Empfangen das eigne Wesen zu bestimmen. Der ungestillte Durst es weiter stets
zu bilden verstattet nicht, daß ich der That, der
Mittheilung des Innern, auch äußere Vollendung
gebe; ich stelle die Handlung und die Rede hin
in die Welt, es kümmert mich nicht, ob Schauende

und Hörer mit ihrem Sinn durchdringen durch die rauhe Schale, ob sie den innersten Gedanken, den eignen Geist auch in der unvollkommnern Darstellung glükklich finden. Mir bleibt nicht Zeit nicht Lust darnach zu fragen; fort muß ich von der Stelle wo ich stand, durch neues Thun und Denken im kurzen Leben noch das eigne Wesen, so weit es möglich, zu vollenden. Schon zweimal zu wiederholen hab ich, ein unkünstlerisch Gemüth. Drum mag ich alles gern in Gemeinschaft treiben: beim innern Denken, beim Anschaun, beim Aneignen des Fremden bedarf ich irgend eines geliebten Wesens Gegenwart, daß gleich an die innere That sich reihe die Mittheilung, und durch die süße und leichte Gabe der Freundschaft ich mich leicht abfinde mit der Welt. So war es, so ist es, und noch bin ich so fern von meinem Ziele, daß ichs aufgebe jemals darüber hinaus zu kommen. Wol hab ich Recht, was auch die Freunde sagen, mich auszuschließen aus dem heiligen Gebiet der Künstler. Gern sag ich Allem ab, was sie mir lieben, wenn ich nur in dem Felde, wo ich mich hingestellt, mich weniger unvollendet finde.

So öffne sich denn noch einmal meiner prüfenden Betrachtung das weitverbreitete Gebiet der Menschheit, das die bewohnen, die nur in sich

hinein zu wirken trachten, nicht außer sich ein
bleibend Werk hervorzubringen, die nur den Geist
durch alles was sie umgiebt, zu nähren bedacht,
und dann zufrieden sind in wechselreichem Thun
sich darzustellen, wie es Zeit und Ort ergiebt.
Hier will ich schauen, ob mir ein eigner Plaz
gebührt, ob nicht; ob in mir ist was sich zusam=
menreimet, oder ob ein innerer Widerspruch ver=
hindert, daß die Zeichnung sich nicht schließen kann,
und bald als ein verunglükter Entwurf mein
eignes Wesen statt die Vollendung zu erreichen,
sich auflöst in ein leeres Nichts. O nein, ich
darf nicht fürchten, es erhebt sich kein traurig
ahndendes Gefühl im Innern des Gemüths! ich
erkenne wie Alles ineinander greift ein wahres
Ganzes zu bilden, ich fühle keinen fremden Be=
standtheil der mich drükt, auch fehlt mir kein
Organ, kein edles Glied zum eignen Leben. Wer
sich zu einem bestimmten Wesen bilden will, dem
muß der Sinn geöffnet sein für Alles, was er
nicht ist. Auch hier im Gebiet der höchsten Sitt=
lichkeit regiert dieselbe genaue Verbindung zwi=
schen Thun und Schauen. Nur wenn der Mensch
im gegenwärtigen Handeln sich seiner Eigenheit
bewußt ist, kann er sicher sein, sie auch im künf=
tigen nicht zu verlezen; und nur wenn er von
sich beständig fordert die ganze Menschheit anzu=

schaun, und jeder andern Darstellung von ihr sich und die seine vergleichend gegenüber zu stellen, kann er das Bewußtsein seiner Selbstheit erhalten: denn nur durch Entgegensezung wird das Einzelne erkannt.

Die erste Bedingung der eigenen Vollendung im bestimmten Kreise ist allgemeiner Sinn, und dieser, wie könnt er wol bestehen ohne Liebe? Schon im ersten Versuch sich so zu bilden müßte das furchtbare Mißverhältniß zwischen Geben und Empfangen bald das Gemüth zerrütten, und weit hinaus es treiben aus der Bahn, und den, der so ein eignes Wesen werden wollte, ganz zertrümmern, oder zur Gemeinheit ihn herunterstürzen. Ja, Liebe, du Anziehungskraft der geistigen Welt! Kein eignes Leben und keine Bildung ist möglich ohne dich, ohne dich müßt alles in gleichförmige rohe Masse zerfließen! Die freilich weiter nichts als solche zu sein begehren, bedürfen deiner nicht; ihnen genügt Gesez und Pflicht, gleichmäßig Handeln und Gerechtigkeit. Ein unbrauchbares Kleinod wäre ihnen das heilige Gefühl. Drum lassen sie auch das Wenige, was ihnen davon gegeben ist, nur ungebaut verwildern; und das Heilige verkennend, werfen sie es sorglos mit ein in das gemeine Gut der Menschheit, das nach Einem Gesez verwaltet

werden soll. Uns aber bist du das Erste wie das
Lezte. Keine Bildung ohne Liebe, und ohne
eigne Bildung keine Vollendung in der Liebe;
Eins das Andere ergänzend, wächst beides unzer-
trennlich fort. Vereint sind ich in mir die beiden
großen Bedingungen der Sittlichkeit! Ich habe
Sinn und Liebe zu eigen mir gemacht, und
immer weiter noch entwikkeln beide sich, zum
sichern Zeugniß, daß frisch und gesund das Leben
sei, und daß noch fester die eigne Bildung werde.
Was ists, wofür mein Sinn verschlossen wäre?
Die Freunde, welche jeden begabten Freund so
gern zum Meister und Künstler in der Wissenschaft erheben möchten, klagen genug, daß keine
Beschränkung von mir zu gewinnen sei, daß jede
Hoffnung trüge, wenn es einmal scheint, als
wollt ich alles Ernstes ausschließend mich zu
einer Sache begeben: denn wenn ich eine Ansicht
mir errungen, so eile nach gewohnter Weise der
flüchtige Geist bald wieder zu andern Gegenstän-
den fort. O möchten sie doch einmal mir Ruhe
gönnen und begreifen, wie nicht anders meine
Bestimmung ist, und wie sehr mirs in der Ferne
liegen muß im einzelnen die Wissenschaft zu bilden, weil meine Sorge nur ist, freilich auch durch
Wissen, mich selbst zu bilden, gleichgültig, ob
sich gar nicht oder spät vielleicht auch jenes noch

ergiebt. Vergönnten sie mir doch den Sinn für
Alles, was sie geschäftig thun und treiben, mir
offen zu erhalten, und möchten sie, was durch das
Anschaun ihres Thuns ich in mir bilde, doch auch
für etwas achten, das ihrer Mühe werth gewesen
sei. Diese nun zeugen durch ihre Klagen für
mich: aber ihnen entgegen klagen Andere, die,
zwar verschiedener Natur, dennoch gleich mir in
aller menschlichen Dinge Inneres einzudringen stre=
ben, es sei im Grunde beschränkt mein Sinn;
ich vermöchte es über mich gleichgültig vor vielem
Heiligen vorüberzugehen, und durch eitle Streit=
sucht den unbefangenen tiefen Blikk mir zu ver=
derben. Ja ich gehe vor Vielem noch vorüber,
aber gleichgültig nicht; ich streite, ja, doch nur
um unbefangen den Blikk mir zu erhalten. So
und nicht anders muß ich thun nach meiner Art,
bestrebt gleichmäßig mir den Sinn zu füllen und
zu erweitern. Wo sich mir das Gefühl von etwas,
das im Gebiet der Menschheit mir noch unbe=
kannt ist, aufdringt, da ist mein Erstes zu strei=
ten, nicht ob es sei, nur daß es nicht das, und
das allein sei, wofür es der mir giebt, durch den
ich es zuerst erblikkte. Es fürchtet der spät er=
wachte Geist, erinnernd wie lange er fremdes
Joch getragen, immer wieder aufs neue die Herr=
schaft fremder Meinung; und wo in neuen Gegen=

ständen ein unerforschtes Leben sich ihm enthüllt, da rüstet er sich erst, die Waffen in der Hand, sich Freiheit zu erringen, um nicht in des fremden Einflusses Knechtschaft ein jedes wieder wie das Erste zu beginnen. Hab ich so die eigne Ansicht mir erst gewonnen, dann ist die Zeit des Streits vorüber; ich lasse gern jede neben der meinigen bestehn, und der Sinn vollendet friedlich das Geschäft sich jede zu deuten, und in ihren Standpunkt einzudringen.

So ist, was oft Beschränkung des Sinnes scheint zu sein, in Wahrheit nur seine erste Regung. Oft hat sie freilich sich äußern müssen in dieser schönen Periode des Lebens, wo so vieles Neue mich berührt, wo manches mir im hellen Lichte erschien, was ich bisher nur dunkel geahndet, wofür ich nur den Raum mir leer gelassen hatte! Oft hat sie feindlich die berühren müssen, die mir der neuen Einsicht Quelle waren. Gelassen habe ich es angesehen, vertrauend, daß auch sie es einst verstehen werden, wenn tiefer erst ihr Sinn in mich wird eingedrungen sein. So haben mich auch oft die Freunde nicht verstanden, wenn ich nicht streitend aber untheilnehmend ruhig vor dem vorüberging, was sie mit Wärme und frischem Eifer rasch umfaßten. Nicht alles kann auf einmal der Sinn ergreifen, vergeblich ists in einer einzigen Handlung sein Geschäft vollenden wollen; unendlich geht es in zwiefacher Richtung immer fort, und Jeder muß seine Weise haben, wie er beides vereint, um so das Ganze zu vollbringen Mir ist's versagt, wenn etwas Neues das Gemüth berührt, mit heftigem Feuer gleich ins Innerste der Sache zu dringen, und bis zur Vollendung sie zu kennen. Ein solches Verfahren ziemt der Gleichmuth nicht, die von meines Wesens Harmonie der Grundton ist. Heraus aus meines Lebens Mitte würde es mich werfen, mir irgend etwas so zu vereinzeln; und in dem Einen mich vertiefend, würde ich nur das Andre mir entfremden, ohne Jenes doch als mein wahres Eigenthum zu haben. Niederlegen muß ich erst jede neue Erwerbung im Innern des Gemüths, und dann das gewohnte Spiel des Lebens mit seinem mannigfaltigen Thun forttreiben, daß sich mit dem Alten das Neue erst mische, und Berührungspunkte gewinne mit Allem was schon in mir war. Nur so gelingt es mir allmählig eine tiefere und innigere Anschauung mir zu bereiten; es muß der Wechsel zwischen Betrachtung und Gebrauch gar oft sich wiederholen, ehe ich etwas ganz durchdrungen und ergründet zu haben mich erfreuen mag. So und nicht anders darf ich zu Werke gehn, wenn nicht mein inneres

Wesen verletzt soll werden, weil in mir Selbst=
bildung und Thätigkeit des Sinnes möglichst in
jeglichem Momente das Gleichgewicht sich halten
sollen. Nur langsam schreit ich also fort, und
langes Leben kann mir gewährt sein, ehe ich Alles
in gleichem Grade umfaßt: doch weniger als An=
dere habe ich auch zurükkzunehmen; denn was
ich so aufgefaßt, ist mir auch eigen, mit meinem
Stempel bezeichnet; und wieviel meinem Sinne
vergönnt wird zu ergreifen von der Welt, das
wird auf diesem Wege in mir durchgebildet wer=
den und in mein Wesen übergehn.

O wie viel reicher ist es schon geworden!
welches frohe Bewußtsein des erworbnen Werthes,
welch erhöhetes Gefühl des eigenen Lebens und
Daseins krönt mir die Selbstbetrachtung beim
Blikk auf den Gewinn so vieler schönen Tage!
Nicht war vergebens die stille Thätigkeit, die
ungeschäftig müßges Leben von außen scheint;
kräftig hat sie das innere Werk der Bildung ge=
fördert. Dies wäre nicht so weit gediehen bei
mancherlei verwikkelt buntem Verkehr und Trei=
ben, das meiner Natur nicht angemessen, noch
minder bei erzwungener Beschränkung meines Sin=
nes. Drum kann ich nur beklagen, daß des Men=
schen inneres Wesen so mißkannt werden kann
von denen selbst, die wol es überall zu kennen

vermöchten und verdienten: daß doch auch ihrer so viele nicht von der äußern That zur innern Bewegung durchdringen mit ihrem Blik, oder diese eben wie jene im Einzelnen aus abgerissenen Stükken zu erkennen meinen, und deshalb, auch wo Alles übereinstimmt, Widersprüche ahnden! Ist denn der eigne Charakter meines Wesens so schwer zu finden? Versagt mir diese Schwierigkeit auf immer den liebsten Wunsch meines Herzens sich allen Würdigen mehr und mehr zu offenbaren? Ja, auch jezt, indem ich tief in mein Inneres schaue, bestätigt sich aufs neue mir, daß dies der Trieb sei der am stärksten mich bewegt. So ists, wie oft mir auch gesagt wird, ich sei verschlossen und stoße der Lieb und Freundschaft heilges Anerbieten oft kalt zurük. Wol dünkt mich niemals nöthig von dem was ich gethan, was mir geschehen ist, zu reden; zu unbedeutend acht ich Alles, was an mir der Welt gehört, als daß ich den damit verweilen sollte, den ich das Innere gern erkennen ließe. Auch red ich nicht von dem, was nur noch dunkel und ungebildet in mir liegt, und noch der Klarheit mangelt, die es erst zum Meinigen macht. Wie sollt ich eben das dem Freund entgegen tragen, was mir noch nicht gehört? warum ihm dadurch, was ich schon wirklich bin, verbergen? wie sollt ich hoffen ohne

Mißverstand das mitzutheilen, was ich selbst noch nicht verstehe? Solche Vorsicht ist nicht Verschlossenheit und Mangel an Liebe; sie ist nur heilige Ehrfurcht, ohne welche die Liebe nichts ist; ist zarte Sorgfalt das Höchste nicht zu entweihn noch in Verwirrung zu verstrikken. So bald ich etwas Neues mir angeeignet, an Bildung und Selbständigkeit hie oder dort gewonnen: eile ich dann nicht in Wort und That dem Freund es zu verkünden, daß er die Freude mit mir theile, und meines innern Lebens Wachsthum wahrnehmend selbst gewinne? Wie mich selbst lieb ich den Freund: sobald ich etwas für mein erkenne, gebe ich's ihm hin. So nehm ich freilich auch an dem, was er thut und was ihm geschieht, nicht immer so großen Antheil, als die meisten, die sich Freunde nennen. Sein äußeres Handeln, wenn ich das Innere, aus dem es herfließt, schon verstehe, und weiß daß es so sein muß, weil er so ist wie er ist, läßt mich gar unbesorgt und ruhig. Es hat als That mit meiner Liebe wenig zu schaffen, es gewährt ihr nicht so viel Nahrung, noch regt es mir so sehr Bewunderung und Freude auf, als denen die minder vorher das Innere des Handelnden verstanden. Auch als Ereigniß spannt es mir weniger die Erwartung, als denen, für die alles hängt an Glükk und an Erfolg; der Welt gehörts, und unter der Nothwendigkeit Geseze muß es sich fügen mit Allem was drans folgt; und was nun folget, was dem Freund geschieht, er wird es schon mit Freiheit seiner würdig zu behandeln wissen. Das Andere kümmert mich nichts, ich sehe ruhig seinem Schikksal wie dem meinen zu. Wer achtet das für kalte Gleichgültigkeit? Es ist die Frucht nur jenes hellen Bewußtseins davon, was an jedem Menschen er selbst ist, und was der Welt außer ihm gehört, jenes Bewußtseins, wonach ich überall mich selbst behandle, worauf die Achtung gegen mich und das Gefühl der Freiheit ruht: soll ich ihm minder folgen in dem was den Freund betrifft als was mich selbst?

Das ist es, dessen ich mich hoch erfreue, daß meine Liebe und Freundschaft nie unedlen Ursprungs sind, nie auf des Geliebten sinnlich Wohlergehn gerichtet, mit keiner gemeinen Empfindung je gemischt, nie der Gewohnheit, nie des weichen Sinnes noch minder störriger Parteisucht Werk, immer der Freiheit reinste That, und auf das eigne innerste Sein des Menschen allein gerichtet. Verschlossen war ich immer jenen gemeinen Gefühlen; nie hat mir Wohlthat Freundschaft abgelokft, nie Schönheit Liebe, nie hat das Mitleid mich so befangen, daß es dem

Unglükk Verdienst geliehen, und den Leidenden
mir anders und besser dargestellt; nie Ueberein=
stimmung im einzelnen mich so ergriffen, daß ich
mich über die Verschiedenheit des tiefsten Innern
je getäuscht. So war für wahre Liebe und
Freundschaft freier Raum gelassen im Gemüth,
und nimmer weicht die Sehnsucht ihn reicher
stets und mannigfaltiger auszufüllen. Wo ich
Anlage merke zur Eigenthümlichkeit, weil Sinn
und Liebe, die hohen Bürgen, da sind, da ist
auch für mich ein Gegenstand der Liebe. Jedes
eigne Wesen möcht ich mit Liebe umfassen, von
der unbefangnen Jugend an, in der die Freiheit
erst keimet, bis zur reifsten Vollendung der
Menschheit; jedes, das ich so erblikke, begrüß ich
in mir mit der Liebe Gruß, wenn auch die That
nur angedeutet bleibt, weil mehr nicht als ein
flüchtiges Begegnen uns vergönnt wird. Auch
meß ich nie nach irgend einem weltlichen Maaß=
stab, nach der äußern Ansicht des Menschen ihm
Freundschaft zu. Weit überflieget Welt und
Zeit der Blikk, und sucht die innere Größe des
Menschen auf. Ob schon jezt sein Sinn viel
oder wenig hat umfaßt, wie weit er in der eignen
Bildung fortgerükkt, wie viel er Werke vollendet
oder sonst gethan, das darf mich nicht bestimmen,
und leicht kann ich mich trösten, wenn es fehlt.

Sein eigenthümlich Sein und das Verhältniß des=
selben zur gesammten menschlichen Natur, das ist
es, was ich suche: so viel ich jenes finde und
dieses verstehe, so viel Liebe habe ich für ihn;
allein beweisen kann ich freilich ihm nur so viel,
als er auch mich versteht. Deßhalb, ach, ist sie
so oft mir unbegriffen zurükgekehrt! des Her=
zens Sprache wurde nicht vernommen, gleich als
wär ich stumm geblieben: und Jene meinten auch
ich wäre stumm.

In nahen Bahnen wandeln oft die Menschen,
und kommen doch nicht einer in des andern Nähe:
vergebens ruft der ahndungsreiche und den nach
freundlicher Begegnung verlangt: es horcht der
Andere nicht. Oft nähern andre sich einander,
deren Bahnen weit auseinander gehn: es meint
der Eine wol es sei für immer, doch ists nur
ein Moment; entgegengesezte Bewegung reißt
jeden fort, und keiner begreift, wo ihm der
Andere hingekommen. So ist es meiner Sehn=
sucht nach Liebe oft ergangen; wär es schmählig
nicht, wenn sie nicht endlich reif geworden, die
allzu leichte Hoffnung geflohen wäre, und ahn=
dungsreiche Weisheit eingekehrt? „So viel wird
Der von dir verstehn, und Jener jenes: mit
dieser Liebe magst du Den umfassen, halte sie ge=
gen Jenen doch zurük:" so ruft mir Mäßigung

oft zu, doch oft vergebens. Es läßt der innere Drang des Herzens nicht der Klugheit Raum; viel weniger, daß die stolze Anmaßung ich hegte, den Menschen und ihrem Sinn für mich und meine Liebe Schranken zu sezen. Mehr seze ich immer voraus, versuche stets aufs neue, und werde der Habsucht gleich gestraft, oft im Versuch verlierend, was ich hatte. Doch es kann nicht anders dem Menschen, der sich eigen bildet, ergehn; und daß es so mir geht, ist nur der sicherste Beweis, daß ich mich eigen bilde. Je mehr ins Allgemeine strebt der Sinn, von desto mehrern Kreisen fühlt auch wer sich bildet sich angezogen, und die auf einen davon beschränkt sind wähnen dann, der Theilnehmende sei der ihrigen einer. Je mehr sich alles eigen gestaltet in mir, um desto mehr gehört auch allgemeiner Sinn dazu und freie Liebe zu fremdartiger Bildung, wenn einer auf die Dauer mich soll verstehn und lieben. Wie man es von Kometen wol geglaubt, verbindet der Gebildete gar viele Weltsysteme, bewegt um manche Sonne sich. Jezt erblikt ihn freudig ein Gestirn, es strebt ihn zu erkennen, und freundlich beugt er nähernd sich heran; dann siehts ihn wieder in fernen Räumen, verändert scheint ihm die Gestalt, es zweifelt, ob er noch derselbe sei. Er aber kehrt wieder im raschen Lauf, begegnet ihm wieder mit Liebe und Freundschaft. Wo ist das schöne Ideal vollkommener Vereinigung? die Freundschaft, die gleich vollendet auf beiden Seiten ist? Nur wenn in gleichem Maaße Beiden Sinn und Liebe fast über alles Maaß hinaus gewachsen sind. Dann aber sind mit der Liebe zugleich auch sie vollendet, und es schlüge dann gewiß die Stunde, die wol Allen schon früher hat geschlagen! — der Unendlichkeit sich wieder zu geben, und in ihren Schooß zurükzukehren aus der Welt.

―――

III.
Weltansicht.

Dem trüben Alter, meinen sie, sei vergönnt, nur Klagen Raum zu geben über die Welt: verzeihlich sei es, wenn lieber das Auge sich rükkwärts wende zur bessern Zeit der vollen Stärke des eignen Lebens. Die fröhliche Jugend müsse froh die Welt anlächeln, müsse nicht achtend des mangelnden, was da ist nuzen, und der Hoffnung süßen Täuschungen gern vertraun. Doch Wahrheit sehe nur der, nur der verstehe die Welt zu richten, welcher zwischen den beiden sich in sicherer Mitte glükklich halte, nicht eitel trauernd noch trüglich hoffend. Doch solche Ruh ist nur der thörichte Uebergang von der Hoffnung zur Verachtung; und solcher Weisheit Rede nur der dumpfe Wiederhall der gern zurükkgehaltenen Schritte, mit denen sie aus der Jugend ins Alter gleiten; solche Zufriedenheit nur verkehrter Höflichkeit Betrug, der nicht die Welt, die ihn ja bald verläßt, zu schmähen scheinen will, noch weniger auf einmal Unrecht geben sich selbst; solch Lob ist Eitelkeit, die sich schämt ihres Irrthums, Vergessenheit, die nicht mehr weiß, was sie begehrte im vorigen Augenblikk, und träger Sinn, dem, wenn es Mühe gelten soll, lieber die Armuth gnügt.

Ich habe mir nicht geschmeichelt als ich jung war: so denk ich auch nicht jezt, nicht jemals, der Welt zu schmeicheln. Den nichts Erwartenden konnte sie nicht kränken: so werd auch ich sie nicht aus Rache verlezen. Wenig hab ich gethan um sie zu bilden wie sie ist: so hab ich auch kein Bedürfniß sie vortrefflicher zu finden. Allein des schnöden Lobes ekelt mich, das ihr von allen Seiten verschwendet wird, damit wieder das Werk die Meister lobe. Von Verbesserung der Welt spricht so gern das verkehrte Geschlecht, um selbst für besser zu gelten, und über seine Väter sich zu erheben. Und stiege von der schönsten Blüte der Menschheit wirklich schon der süße Duft empor; wären auf dem gemeinschaftlichen Boden in ungemessener Zahl die Keime der eigenen Bildung über jede Gefahr hinaus gediehen; lebte Alles und freute sich in heiliger Freiheit; umfaßte Alles

mit Liebe sich, und trüge wunderbar vereinigt
immer neue und wundervolle Früchte: sie könn=
ten nicht glänzender den Zustand der Menschheit
preisen. Als hätten ihres gewaltigen Verstandes
donnernde Stimmen die Ketten der Unwissenheit
gesprengt; als hätten von der menschlichen Natur,
die nur als dunkles kaum kennbares Nachtstükk
abgebildet war, nun endlich sie ein kunstreich Ge=
mälde aufgestellt, wo geheimnißvolles Licht — ach
kommts von oben oder von unten her? — Alles
wunderbar erleuchtet, daß kein gesundes Auge
mehr den ganzen Umriß oder einzelne Züge ver=
fehlen könne; als hätte ihrer Weisheit Musik die
rohe räuberische Eigensucht zum zahmen geselligen
Hausthier umgeschaffen, und Künste sie gelehrt:
so reden sie von der heutgen Welt; und jeder
kleine Zeitraum, der verstrichen, soll reich an
neuem Gut gewesen sein. Wie tief im Innern
ich das Geschlecht verachte, das so schaamlos als
nie ein früheres gethan, sich brüstet, den Glauben
kaum an eine bessere Zukunft ertragen kann, und
alle die ihr angehören, schnöde beschimpft, und
nur darum dies Alles, weil das wahre Ziel der
Menschheit, zu welchem es kaum einen Schritt
gewagt, ihm unbekannt in dunkler Ferne liegt!

Ja, wem es gnügt, daß nur die Körperwelt
der Mensch beherrscht; daß er alle ihre Kräfte

erforscht, um zum Dienst des äußern Lebens sie
zu gebrauchen; daß nicht der Raum die Wirkung
des Geistes auf die Körper zu gewaltsam lähmt,
und schnell des Willens Wink an jedem Ort die
Thätigkeit erzeuget, die er fordert; daß Alles sich
bewährt als unter den Befehlen des Gedankens
stehend, und überall des Geistes Gegenwart sich
offenbart; daß jeder rohe Stoff beseelt erscheint,
und im Gefühle solcher Herrschaft über ihren
Körper die Menschheit sich einer sonst nicht ge=
kannten Kraft und Fülle des sinnlichen Lebens
freut, wem das ihr leztes Ziel ist, der stimme
mit ein in dieses laute Lob. Mit Recht rühmet
der Mensch sich dieser Herrschaft jezt so, wie es
noch nie gekonnt; denn wie viel ihm auch noch
übrig sei, so viel doch ist nun gethan, daß er sich
fühlen muß als Herr der Erde, daß ihm nichts
unversuchtes bleiben darf auf seinem eigenthüm=
lichen Boden, und immer enger der Unmöglichkeit
Gebiet zusammenschwindet. Die Gemeinschaft, die
hiezu mich mit Allen verbindet, fühl ich in jedem
Augenblikk des Lebens als Ergänzung der eigenen
Kraft. Ein jeder treibt sein bestimmt Geschäft,
vollendet des Einen Werk, den er nicht kannte,
arbeitet dem Andern vor, der nichts von seinen
Verdiensten um ihn weiß. So fördert über den
ganzen Erdkreis sich der Menschen gemeinsames

Werk, Jeder fühlet fremder Kräfte Wirkung als eignes Leben, und wie elektrisch Feuer führt die kunstreiche Maschine dieser Gemeinschaft jede leise Bewegung des Einen durch eine Kette von Tausenden verstärkt zum Ziele als wären sie alle seine Glieder, und alles, was sie gethan, sein Werk, im Augenblikk vollbracht. Ja dies Gefühl gemeinsam erhöhten Lebens wohnt noch lebendiger wol und reicher in mir, als in Jenen, die so laut es rühmen. Mich stört nicht täuschend ihre trübe Einbildung, daß es so ungleich die genießen, die doch Alle es erzeugen und erhalten helfen. Denn nur durch Gedankenleere, durch Trägheit im Betrachten verlieren sie Alle; von Allen fordert Gewohnheit ihren Abzug, und wo ich immer Beschränkung und Kraft vergleichend berechne, ich finde überall dieselbe Formel, nur anders ausgedrükkt, und gleiches Maaß von Genuß verbreitet sich über Alle. Und doch auch so acht ich dies ganze Gefühl gering; nicht etwas besser noch in dieser Art wünscht ich die Welt, sondern es würde mich peinigen wie Vernichtung, wenn dies sollte das ganze Werk der Menschheit sein, und nur daran unheilig ihre heilige Kraft verschwendet. Nein, meine Forderungen bleiben nicht bescheiden stehn bei diesem bessern Verhältniß des Menschen zu der äußern Welt, und wär es auf den höchsten Gipfel der Vollendung schon gebracht! Wofür denn diese höhere Gewalt über den Stoff, wenn sie nicht fördert das eigene Leben des Geistes selbst? was rühmt ihr euch jener äußern Gemeinschaft, wenn sie nicht fördert die Gemeinschaft der Geister selbst? Gesundheit und Stärke sind wol ein hohes Gut: aber verachtet ihr nicht jeden, der sie nur braucht zu leerem Gepränge? Ist denn der Mensch ein sinnlich Wesen nur, daß auch das höchste Gefühl des leiblichen Lebens, denn sein Leib ist ja die Erde, ihm alles sein darf? Genügts dem Geiste, daß er nur den Leib bewohne, fortsezend und vergrößernd ihn ausbilde, und herrschend seiner sich bewußt sei? Und darauf allein geht ja ihr ganzes Streben, darauf gründet sich ihr ungemeßner Stolz. So hoch nur sind sie gestiegen im Bewußtsein der Menschheit, daß von der Sorge für das körperliche Leben und Wohlsein des Einzelen sie zur Sorge für das gleiche Wohlbefinden Aller sich erheben. Das ist ihnen Tugend, Gerechtigkeit und Liebe; das ist über die niedere Eigensucht ihr großes Triumphgeschrei; das ist ihnen das Ende aller Weisheit; nur solche Ringe vermögen sie zu zerbrechen in der Kette der Unwissenheit, dazu soll Jeder helfen, es ist nur dazu jegliche Gemeinschaft eingerichtet. O des ver-

kehrten Wesens, daß der Geist alle seine Kräfte
dem für Andre widmen soll, was er für sich um
besseren Preis verschmäht! O des verschrobenen
Sinnes, dem in so niederm Gözendienste das
Höchste gern zu opfern Tugend scheint!

Beuge dich denn o Seele dem herben Schiff=
sal, nur in dieser schlechtern und finstern Zeit
das Licht gesehn zu haben. Für dein Bestreben,
für dein inneres Thun ist wenig von einer sol=
chen Welt zu hoffen! nicht als Erhöhung, immer
nur als Beschränkung deiner Kraft wirst du deine
Gemeinschaft mit ihr empfinden müssen. So geht
es Allen die das Bessere kennen und wollen.
Nach Liebe dürstet manches Menschen Herz; es
schwebt ihm deutlich vor, wie der Freund geartet
müßte sein, mit dem er durch den Tausch des
Denkens und Empfindens zur gegenseitigen Bil=
dung und zum erhöhten Bewußtsein sich verbin=
den, wie die Geliebte, der er ganz sich geben
und volles Leben bei ihr finden könnte: doch
wenn er nicht, durch Zufall glükklich, im gleichen
Kreise des äußern Lebens auf gleicher Höhe der
Gesellschaft sie entdekkt, so seufzen beide wol ver=
geblich im gleichen Wunsch das kurze Leben hin.
Denn noch immer fesselt den Menschen ja sein
äußerer Stand, die Stelle die er in jener dürf=
tigen Gemeinschaft nicht sich erringen kann, nein

die ihm angewiesen wird, und fester hält der Mensch an diesen Banden, als an der mütterlichen Erde die Pflanze hängt. Warum doch? weil es ihnen wenig kostet das höhere geistige Leben hart zu bedrükken, um sicherer, wie sie meinen, das niedere zu genießen. Darum darf noch keine heitere Gemeinschaft gedeihen, kein freies offnes Leben; darum wohnen sie wunderlich fast klostermäßig gesondert in kleinen dumpfen Zellen neben einander mehr, als mit einander; darum scheuen sie jeden großen Verein, nur einen elenden Schein davon zusammensezend aus vielen kleinen; und wie das Vaterland lächerlich zerstükkelt ist, so auch jede einzelne Gesellschaft wieder. Wol ist Manchem der Sinn geöffnet, um das innere Wesen der Menschheit zu ergreifen, verständig ihre verschiedenen Gestalten anzuschauen, oder in sich zu saugen die Natur und mit Liebe sich einzuschmiegen in ihre Geheimnisse. Doch in öde Wildniß oder in unfruchtbare Ueppigkeit ist er gestellt, wo ewiges Einerlei dem Verlangen des Geistes keine Nahrung giebt; es kränkelt in sich gekehrt die Fantasie, es muß in träumerischem Irrthum sich der Geist verzehren, in mißgestalteten Versuchen erschöpfen die gebärende Kraft; denn kein günstiger Wind trägt ihn in ein besseres Klima liebreich fort, keinen hülfreichen Freund kann er erreichen, dem Beruf es wäre, mit Nahrungsstoff den Dürftigen zu versehen, befruchtend ihm der Erkenntniß Quellen zuzuleiten. Des Schwarzen jammervolles Schikksal, der aus dem väterlichen Lande von den geliebten Herzen fortgerissen, zu niederm Dienst in unbekannter Ferne verdammt ist, täglich legts der Lauf der Welt auch Bessern auf, die zu den unbekannten Freunden in ihre wahre Heimat zu ziehn gehindert, in oder ihnen ewig fremder Nähe bei schlechtem Dienst ihr inneres Leben verzehren. Wol Manchen drängt innerlich der Trieb kunstreiche Werke zu bilden: doch den Stoff zu sichten, und was unschikflich wäre sorgsam und ohne Schaden herauszusondern, oder wenn in schöner Einheit und Größe der Entwurf gemacht ist, auch die lezte Vollendung und Glätte jedem Theile zu geben, das ist ihm versagt. Gewährt ihm Einer, was ihm fehlt, bietet ihm Einer mit Freiheit seinen Vorrath, oder krönt durch seine That das Unvollendete? Nein, vereinzelt muß Jeder stehn und unternehmen was ihm nicht gelingt! der Darstellung der Menschheit, dem Bilden schöner Werke fehlt die Gemeinschaft der Talente, die im äußeren Dienst der Menschheit schon lange gestiftet ist! nur schmerzlich wird dem Künstler das Dasein der Andern bemerklich, indem an seinem Werk ihr Urtheil tadelt, was ihrem Genius fremd ist, und er erfahren muß daß des schönen Eignen Wirkung gehemmt wird weil sie Fremdes verlangen! So sucht vergebens der Mensch für das, was ihm das Größte ist, in der Gemeinschaft mit den Menschen Erleichterung und Hülfe. Was hie und dort die Erde bringt, beschreiben Tausende; wo irgend eine Sache, deren ich bedarf, zu finden sei, kann ich in einem Augenblikk erfahren, im zweiten kann der glükkliche sie schon besizen: doch die Gemüther aufzufinden, durch deren Kraft ihr inneres Leben gedeihen könnte, vermögen nur wenige, dazu giebts keine Gemeinschaft in der Welt; die Menschen, die einander bedürfen, näher sich zu bringen, ist keines Geschäft. Ja Hülfe solcher Art zu fordern, ist Aergerniß und Thorheit den geliebten Söhnen dieser Zeit; und eine höhere mehr innige Gemeinschaft der Geister ahnden, und beschränktem Sinn und kleinen Vorurtheilen zum Troz sie fördern wollen, ist eitle Schwärmerei. Ungeschikkte Begierde soll es sein, nicht Armuth, was Schranken fühlen läßt, die so uns drükken; strafbare Trägheit nicht Mangel an hülfreicher Gemeinschaft was unzufrieden mit der Welt den Menschen macht, und seinen leeren Wünschen gebietet auf weitem Felde der Unmöglichkeit umherzuschweifen. Unmöglichkeiten nur für den, dessen Blick auf niederer Fläche der Gegenwart nur einen kleinen Horizont bestreicht. Wie müßt ich traurig verzweifeln ob jemals ihrem Ziele die Menschheit näher kommen würde, wenn ich mit blöder Fantasie nur an dem Wirklichen und seinen nächsten Folgen haften müßte.

Es seufzet was zur bessern Welt gehört, in düsterer Sklaverei! Was vorhanden ist von geistiger Gemeinschaft, ist herabgewürdigt zum Dienst der irdischen; nur dieser nüzlich wirkt es dem Geiste Beschränkung, thut dem inneren Leben Abbruch. Wenn der Freund dem Freunde die Hand zum Bündniß reicht: es sollten Thaten daraus hervorgehn, größer als jeder Einzelne; frei sollte Jeder Jeden gewähren lassen, wozu der Geist ihn treibt, und nur sich hülfreich zeigen wo es Jenem fehlt, nicht seinem Gedanken den eignen unterschiebend. So fände Jeder im Andern Leben und Nahrung, und was er werden könnte, würd er ganz. Wie treiben sie es dagegen in der Welt? Zum irdischen Dienst ist Einer stets dem Andern gewärtig, bereit das eigne Wohlsein aufzuopfern; Einsicht und Welterfahrung mitzutheilen, gefühlvoll Schmerzen mitzuleiden und zu lindern, ist das Höchste. Doch in der Freundschaft ist immer Feindschaft gegen

die innere Natur; absondern wollten sie des
Freundes Fehler von seinem Wesen, und was in
ihnen Fehler wäre, scheints auch in ihm. So
muß jeder von seiner Eigenheit dem Andern
opfern, bis beide sich selber ungleich nur einander
ähnlich sind, wenn nicht ein fester Wille das Ver=
derben aufhält, daß lange zwischen Streit und
Eintracht die falsche Freundschaft kränkelt, oder
plözlich abreißt. Verderben dem, der ein weich
Gemüth besizt, wenn ihm ein Freund sich an=
hängt! Von neuem und kräftigem Leben träumt
dem Armen, er freut der schönen Stunden sich,
die ihm in süßer Mittheilung vergehn; und merkt
nicht wie in eingebildetem Wohlergehen der Geist
sich ausgiebt und verschuldet, bis gelähmt von
allen Seiten und bedrängt sein inneres Leben sich
verliert. So gehn der Bessern Viele umher,
kaum noch zu kennen der Grundriß des eignen
Wesens, beschnitten von der Freunde Hand, und
überklebt mit fremdem Zusaz. — Es bindet süße
Liebe Mann und Frau, sie gehn den eignen Heerd
sich zu erbaun. Wie eigne Wesen aus ihrer Liebe
Schooß hervorgehn, so soll aus ihrer Naturen
Harmonie ein neuer gemeinschaftlicher Wille sich
erzeugen; das stille Haus mit seinen Geschäften,
seinen Ordnungen und Freuden soll als freie
That dessen Dasein bekunden. Allein wie muß

ich immer und überall das schönste Band der Menschheit so entheiligt sehn! Ein Geheimniß bleibt ihnen was sie thun, wenn sie es knüpfen; Jeder hat und macht sich seinen Willen nach wie vor, abwechselnd herrscht der Eine und der Andere, und traurig rechnet in der Stille Jeder, ob der Gewinn wol aufwiegt was er an baarer Freiheit gekostet hat; des Einen Schiksal wird der Andere endlich, und im Anschaun der kalten Nothwendigkeit erlischt der Liebe Glut. Alle bringt so am Ende die gleiche Rechnung auf das gleiche Nichts. Es sollte jedes Haus der schöne Leib, das schönste Werk einer eignen Seele sein, und eigne Gestalt und Züge haben; doch fast alle werden sie in stumpfer Einförmigkeit das öde Grab der Freiheit und des wahren Lebens. Macht sie ihn glüfflich, lebt sie ganz für ihn? macht er sie glüfflich, ist er ganz Gefälligkeit? Macht beide Nichts so glüfflich, als wo Einer dem Andern sich aufopfern kann? O quäle mich nicht Bild des Jammers, der tief hinter ihrer Freude wohnt, des nahen Todes Zeichen, der ihnen diesen lezten Schein des Lebens, sein gewohntes Gaukelspiel nur vormalt! — Wo sind vom Staat die alten Mährchen der Weisen? wo ist die Kraft die diese höchste Entwikflung des Daseins dem Menschen geben, das Bewußtsein das Jeder haben soll, ein

Theil zu sein von des Vaterlandes Vernunft und
Fantasie und Stärke? Wo ist die Liebe zu die=
sem höhern selbstgeschaffenen Dasein, die lieber das
enge persönliche Bewußtsein opfern als jenes ver=
lieren will, die lieber das Leben wagt, als daß
das Vaterland gemordet werde? Wo ist die
Vorsicht, welche sorgsam wacht, daß auch Verfüh=
rung ihm nicht nahe, und sein Gemüth verderbe?
Wo ist der eigne Charakter jedes Staates, und
wo die Werke, durch die er sich verkündet? So
fern ist dies Geschlecht von jeder Ahndung, was
diese Seite der Menschheit wol bedeuten mag,
daß sie von einem bessern Organismus der Gesell=
schaft träumen, gerade wie von einem Ideal des
Menschen, daß wer im Staate lebt, es sei der
neuen oder der alten einer, in seine Form gern
Alle gießen möchte, daß der Weise in seinen Wer=
ken ein Muster für die Zukunft niederlegt, und
hofft es werde doch einmal zu ihrem Heil die
ganze Menschheit es als ein Symbol verehren;
daß Alle glauben, der sei der beste Staat, den
man am wenigsten empfindet und der auch das
Bedürfniß, daß er da sein müsse, am wenigsten
empfinden läßt. Wer so das herrlichste Kunst=
werk des Menschen, wodurch er auf die höchste
Stufe sein Wesen stellen soll, nur als ein noth=
wendiges Uebel betrachtet, als ein unentbehrliches

Maschinenwerk um seine Gebrechen zu verbergen und unschädlicher zu machen, der muß ja das nur als Beschränkung fühlen, was ihm den höchsten Grad des Lebens zu gewähren bestimmt ist.

Und dieses ist so großer Uebel schnöder Ursprung, daß nur für äußere Gemeinschaft der Sinnenwelt Sinn bei den Menschen zu finden ist, und daß nach dieser sie Alles messen und modeln wollen. In der Gemeinschaft der Sinnenwelt muß immer Beschränkung sein; es muß der Mensch, der seinen Leib durch äußeren Besiz fortsezen und vergrößern will, dem Andern ja auch den Raum vergönnen das Gleiche zu thun; wo Einer steht, da ist des Andern Grenze, und nur darum dulden sie es gelassen, weil sie doch die Welt nicht könnten allein besizen, weil sie doch des Andern Leib und Besiz auch brauchen können. Darauf ist Alles andere auch gerichtet: vermehrten äußern Besiz des Habens und Wissens, Schuz und Hülfe gegen Schikfsal und Unglükk, vermehrte Kraft im Bündniß zur Beschränkung der Andern: das nur suchet und findet der Mensch von Heute in Freundschaft, Ehe und Vaterland; nicht Hülfe und Ergänzung der Kraft zur eignen Bildung, nicht Gewinn an neuem inneren Leben. Hieran vielmehr hindert ihn jegliche Gemeinschaft, die er eingeht vom ersten Bande der Erziehung an, wo schon der junge Geist, statt freien Spielraum zu gewinnen und Welt und Menschheit in ihrem ganzen Umfang zu erblikken, nach fremden Gedanken beschränkt und früh schon zu des Lebens langer Knechtschaft gewöhnt wird. O mitten im Reichthum beklagenswerthe Armuth! Hülfloser Kampf des Bessern, der die Sittlichkeit und Bildung sucht, mit dieser Welt die statt deren nur Recht und Gebot erkennt, statt Lebens nur todte Formeln bietet, statt freien Handelns nur Regel und Gewohnheit liebt, und hoher Weisheit sich rühmt, wenn irgend eine veraltete Form sie glükklich bei Seite schafft, und etwas Neues gebährt, was Leben scheint, doch allzubald selbst wieder Formel sein wird und todte Gewohnheit. Was könnte mich retten, wärst du nicht göttliche Fantasie, und gäbest mir der bessern Zukunft sichere Ahndung!

Ja, Bildung wird sich aus der Barbarei entwikkeln, und Leben aus dem Todtenschlaf! da sind sie schon, die Elemente des besseren Seins. Nicht immer wird die höhere Kraft verborgen schlummern; es wekkt der Geist sie früher oder später, der die Menschheit beseelt. Wie jezt die Bildung der Erde für den Menschen erhaben ist über jene wilde Herrschaft der Natur, da noch schüchtern der Mensch vor jeder Aeußerung ihrer Kräfte floh:

nicht weiter kann doch die selge Zeit der wahren Gemeinschaft der Geister entfernt von diesen Kinderjahren der Menschheit sein. Nichts hätte der rohe Sklave der Natur geglaubt von solcher künftigen Herrschaft über sie, noch hätte er begriffen, was die Seele des Sehers, der davon geweissagt, so bei dieser Ahndung hob; denn es fehlte ihm an der Vorstellung sogar von solchem Zustand, nach dem er keine Sehnsucht fühlte: so begreift auch nicht der Mensch von Heute, wenn Jemand ihm andere Zwekke vorhält, von andern Verbindungen und einer andern Gemeinschaft der Menschen redet, er faßt nicht was man Besseres und Höheres wollen könne, und fürchtet nicht, daß jemals etwas kommen werde, was seinen Stolz und seine träge Zufriedenheit so tief beschämen müßte. Wenn aus jenem Elend, das kaum die ersten Keime des bessern Zustandes auch dem durch den Erfolg geschärften Auge zeigt, dennoch das gegenwärtige hochgepriesene Heil hervorging: wie sollte nicht aus unserer verwirrten Umbildung, in der das Auge, welches der schon sinkende Nebel ganz nah umfließt, die ersten Elemente der bessern Welt erblikkt, sie endlich selbst hervorgehn, das erhabene Reich der Bildung und der Sittlichkeit. Sie kommt! Was soll ich zaghaft die Stunden zählen, welche noch verfließen, die

Geschlechter, welche noch vergehn? Was kümmert mich die Zeit, an welche doch mein innres Leben sich nicht gefesselt fühlt?

Der Mensch gehört der Welt an, die er machen half, diese umfaßt das Ganze seines Wollens und Denkens, nur jenseit ihrer ist er ein Fremdling. Wer mit der Gegenwart zufrieden lebt und Anderes nicht begehrt, der ist ein Zeitgenosse jener frühen Halbbarbaren, welche zu seiner Welt den ersten Grund gelegt; er lebt von ihrem Leben die Fortsezung, genießt zufrieden die Vollendung dessen, was sie gewollt, und das Bessere, was sie nicht umfassen konnten, umfaßt auch er nicht. So bin ich der Denkart und dem Leben des jezigen Geschlechts ein Fremdling, ein prophetischer Bürger einer spätern Welt, zu ihr durch lebendige Fantasie und starken Glauben hingezogen, ihr angehörig jede That und jeglicher Gedanke. Gleichgültig läßt mich, was die Welt, die jezige, thut oder leidet; tief unter mir scheint sie mir klein, und leichten Blikkes übersieht das Auge die wenn gleich großen verworrenen Kreise ihrer Bahn. Aus allen Erschütterungen im Gebiete des Lebens und der Wissenschaft stets wieder auf denselben Punkt zurükkehrend und die neuliche Gestalt erhaltend, zeigt sie deutlich ihre Beschränkung und ihres Bestrebens geringen Umfang.

Was aus ihr selbst hervorgeht, das vermag nicht sie weiter zu fördern, das bewegt sie immer nur im alten Kreise: und ich kann dessen mich nicht erfreun, es täuscht mich nicht mit leerer Erwartung jeder günstge Schein. Doch wo ich einen Funken des verborgenen Feuers sehe, das früh oder spät das Alte verzehren und die Welt erneuen wird, da fühl ich mich in Lieb und Hoffnung hingezogen wie zu den geliebten Zeichen der fernen Heimat. Auch wo ich stehe, soll man in fremdem Licht die heilige Flamme brennen sehen, den abergläubigen Knechten der Gegenwart eine schauerliche Mahnung, den Verständigen ein Zeugniß von dem Geiste der da waltet. Es nahe sich in Liebe und Hoffnung jeder, der wie ich der Zukunft angehört, und durch jegliche That und Rede eines Jeden schließe sich enger und erweitere sich das schöne freie Bündniß der Verschworenen für die bessere Zeit.

Doch auch dies erschwert so viel sie kann die Welt, und verhindert jedes Erkennen befreundeter Gemüther, trachtend die Saat der bessern Zukunft zu verderben. Die That, die aus dem reinsten Gedanken entsprungen ist, gibt tausendfacher Deutung Raum; es muß geschehen, daß oft das schlichteste Handeln im Geist der Sittlichkeit verwechselt wird mit dem verworrenen Sinn der Welt.

Zu Viele schmükken sich mit falschem Schein des Bessern, als daß man Jedem, wo sich Besseres ahnden läßt, vertrauen dürfte; schwergläubig weigert sich mit Recht dem ersten Scheine der, welcher Brüder im Geiste sucht; so gehn oft Gleichgesinnte einander unerkannt vorüber, weil des Vertrauens Kühnheit Zeit und Welt danieder drükken. Drum fasse Muth und hoffe! Nicht du allein stehst eingewurzelt in den tiefen Boden, der spät erst Oberfläche wird; es keimet überall die Saat der Zukunft! Fahr immer fort zu spähen wo du kannst, noch Manchen wirst du finden, noch Manchen erkennen, den du lange vielleicht verkannt. So wirst auch du von Manchem noch erkannt: der Welt zum Troz verschwindet endlich Mißtraun und Argwohn, wenn immer das gleiche Handeln wiederkehrt, und gleiche Ahndung oft das fromme Bruderherz ermahnt. Nur kühn den Stempel des Geistes jeder Handlung eingeprägt, damit die Nahen dich finden; nur kühn hinaus in die Welt geredet des Herzens Meinung, daß auch die Fernen dich hören.

Es dienet freilich der Zauber der Sprache auch mehr der Welt als uns. Der Welt bietet sie genaue Zeichen und schönen Ueberfluß für Alles was in ihrem Sinn gedacht wird und gefühlt; sie ist der reinste Spiegel der Zeit, ein Kunstwerk, worin ihr Geist sich zu erkennen gibt. Uns ist sie noch roh und ungebildet, ein schweres Mittel der Gemeinschaft. Wie lange hindert sie den Geist zuerst, daß er nicht kann zum Anschaun seiner selbst gelangen! Durch sie gehört er schon der Welt eh er sich findet, und muß sich langsam erst aus ihren Verstrikkungen entwinden; und ist er dann troz alles Irrthums und verkehrten Wesens, das sie ihm angelehrt, zur Wahrheit hindurch gedrungen: wie ändert sie dann betrügerisch den Krieg, und hält ihn eng umschlossen, daß er Keinem sich mittheilen, von Keinem Nahrung empfangen kann. Lange sucht er im vollen Ueberfluß, ehe er ein unverdächtiges Zeichen findet, um unter dessen Schuz die innersten Gedanken abzusenden: gleich fangen es die Feinde auf, fremde Deutung legen sie hinein, und vorsichtig zweifelt der Empfänger, wem es wol ursprünglich angehöre. Wol manche Antwort kommt herüber aus der Ferne dem Einsamen; doch muß er zweifeln, ob sie das bedeuten soll, was er faßt, ob Freundes Hand ob Feindes sie geschrieben. Daß doch die Sprache gemeines Gut ist für die Söhne des Geistes und für die Kinder der Welt! daß doch so lehrbegierig diese sich stellen nach der hohen Weisheit! Doch nein, gelingen soll es ihnen nicht, uns zu verwirren oder einzuschrekken! Dies ist der große Kampf um die geheiligten Paniere der Menschheit, welche wir der bessern Zukunft, den folgenden Geschlechtern erhalten müssen; der Kampf, der alles entscheidet; aber er ist auch ein sicheres Spiel, das über Zufall und Glükk erhaben, nur durch Kraft des Geistes und wahre Kunst gewonnen wird.

Es soll die Sitte der innern Eigenthümlichkeit Gewand und Hülle sein, zart und bedeutungsvoll sich jeder edlen Gestalt anschmiegend, und ihrer Glieder Maaß verkündend jede Bewegung schön begleiten. Nur dies edle Kunstwerk mit Heiligkeit behandelt, nur es immer durchsichtiger und feiner gewebt, und immer dichter an sich es gezogen: so wird der künstliche Betrug sein Ende finden müssen, so wird es bald sich offenbaren, wenn unheilige, gemeine Natur in edler hoher Gestalt erscheinen will. Der Kenner unterscheidet bei jeder Regung auch der verhüllten Glieder Wuchs und Kraft, vergeblich bildet trügerischen leeren Raum das magische Gewand, denn leicht entflattert es bei jedem raschen Schritte, und zeigt das innere Mißverhältniß an. So soll und wird der Sitte Beständigkeit und Ebenmaaß ein untrüglich Merkmal von des Geistes innerm Wesen und der geheime Gruß der

Bessern werden. Abbilden soll die Sprache des Geistes innersten Gedanken; seine höchste Anschauung, seine geheimste Betrachtung des eignen Handelns soll sie wiedergeben, und ihre wunderbare Musik soll deuten den Werth den er auf jedes legt, die eigne Stufenleiter seiner Liebe. Wol können Andre die Zeichen, die wir dem Höchsten widmeten, mißbrauchen, und dem Heiligen, das sie andeuten sollen, ihre kleinlichen Gedanken unterschieben und ihre beschränkte Sinnesart: doch anders ist des Weltlings Tonart als des Geweihten; anders als dem Weisen reihen sich dem Knechte der Zeit die Zeichen der Gedanken zu einer andern Melodie; etwas anderes erhebt dieser zum Ursprünglichen, und leitet davon ab, was ihm unbekannter und ferner liegt. Bilde nur jeder seine Sprache sich zum Eigenthum und zum kunstreichen Ganzen, daß Ableitung und Uebergang, Zusammenhang und Folge der Bauart seines Geistes genau entsprechen, und die Harmonie der Rede den Accent des Herzens, der Denkart Grundton wiedergebe. Dann giebts in der gemeinen noch eine heilige und geheime Sprache, die der Ungeweihte nicht vermag zu deuten noch nachzuahmen, weil nur im Innern der Gesinnung der Schlüssel liegt zu ihren Charakteren; ein kurzer Gang nur aus dem Spiele der Gedanken, ein paar Accorde nur aus seiner Rede werden ihn verrathen.

O wenn nur so an Sitte und Rede sich die Weisen und Guten erkennen möchten! wäre die Verwirrung nur gelöst, gezogen die Scheidewand, käme zum Ausbruch erst die innere Fehde: so würde der Sieg auch nahn, aufgehn die schönre Sonne; denn auf die beßre Seite müßte sich neigen der jüngern Geschlechter freies Urtheil und unbefangener Sinn. Verkündet doch nur bedeutungsvolle Bewegung des Geistes Dasein, Wunder nur bezeugen eines Götterbildes Ursprung. Und so müßte sichs offenbaren, daß es am Bewußtsein des innern Handelns fehlt, wo schöne Einheit der Sitte mangelt, wo sie nur als kalte Verstellung da ist, als übertünchte Unförmlichkeit; daß der von eigner Bildung nichts weiß, noch je das Innere der Menschheit in sich angeschaut hat, dem das feste Grundgestein der Sprache ans Licht gefördert aus dem Innern zu kleinen Bruchstükken verwittert, dem der Rede Kraft, die tief das Innere ergreifen soll, in leere Unbedeutsamkeit und flache Schönheit sich auflöst, und ihre hohe Musik in müßige Schallkünstelei, die nicht vermag des Geistes eignes Wesen darzustellen. Harmonisch in einfacher schöner Sitte leben kann kein Anderer, als wer die abgestorbnen

Formeln hassend nach eigner Bildung trachtet, und so der künftigen Welt gehört; ein wahrer Künstler der Sprache kann kein Anderer werden, als wer freien Blickes sich selbst beschaut, und des innern Wesens der Menschheit sich bemächtiget hat.

Aus dieser Gefühle stiller Allmacht, nicht aus frevelhafter Gewaltsamkeit vergeblichen Versuchen, muß endlich die Ehrfurcht vor dem Höchsten, der Anfang eines bessern Alters hervorgehn. Sie zu befördern sei mein Trachten in der Welt! so will ich meiner Schuld mich gegen sie entladen, so meinem Beruf genügen. So einiget sich meine Kraft dem Wirken aller Auserwählten, und mein freies Handeln hilft die Menschheit fortbewegen auf der rechten Bahn zu ihrem Ziel.

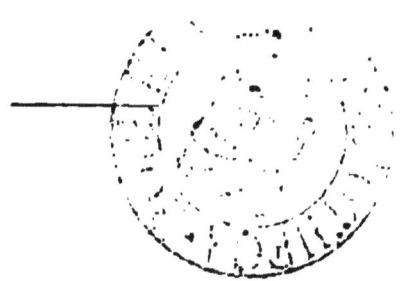

IV.
Aussicht.

Ist es wahr, daß wir alle auf Erden ab=
hängig wandeln, und ungewiß der Zukunft? daß
ein dichter Schleier dem Menschen was er sein wird
verbirgt, und daß des Schikfals blinde Macht,
seis auch der höhern Vorsicht fremde Willkühr —
beides gölte mir in dieser Beziehung gleich —
mit unsern Entschlüssen wie mit unsern Wün=
schen spielt? O freilich, wenn Entschlüsse nur
Wünsche sind, so ist der Mensch des Zufalls Spiel!
Wenn er nur im Wechsel flüchtiger Empfindun=
gen und einzelner Gedanken, wie die Wirklichkeit
sie erzeugt, sich selbst zu finden weiß; wenn er
im ungewissen Haben äußerer Gegenstände, im
schwindelnden Betrachten des ewgen Wirbels, in
dem mit diesem Sein und Haben auch er sich be=
wegt, sein ganzes Leben hindurch begriffen ist,

und niemals tiefer in sein eignes Wesen dringt; wenn er bald von diesem bald von jenem einzelnen Gefühl geleitet, immer nur Einzelnes und Aeußeres sieht und betreiben und besizen will, wie ihm die Empfindung des Augenblikks gebietet: dann kann ihm das Schikksal feindselig rauben was er begehrt, und spielt mit seinen Entschlüssen, die ein Spiel zu sein verdienen; dann mag er klagen über Ungewißheit, denn nichts steht fest für ihn; dann erscheint ihm als ein dichter Schleier die eigne Blindheit, und dunkel muß es ja wol sein, wo nicht das Licht der Freiheit scheint; dann muß er freilich, wiewol vergeblich, weil er beides nur so wähnt wie es nicht gedacht werden kann, sich bestreben zu wissen, ob jener Wechsel, der ihn beherrscht, von einem Willen über alle Willen abhängt, oder vom Zusammentreffen vieler Kräfte die neigungslose Wirkung ist. Denn schrekklich muß es den Menschen ergreifen, wenn er nimmer dazu gelangt sich selbst zu fassen; wenn jeder Lichtstrahl, der in die unendliche Verwirrung fällt, ihm klarer zeigt, er sei kein freies Wesen, sei eben nur ein Zahn in jenem großen Rade, das ewig kreisend sich, ihn und alles bewegt. Nur Hoffnung, immer wieder aller Erfahrung allem Bewußtsein zum Troz erneute Hoffnung auf glükklichen Wechsel

oder auf endliches Erbarmen muß seine einzige
Stüze sein.

Willkommen mir, in jedem Augenblikk, wo
ich die Sklaven zittern sehe, aufs neue willkom=
men, geliebtes Bewußtsein der Freiheit! schöne
Ruhe des klaren Sinnes, mit der ich heiter die
Zukunft, wol wissend was sie ist und was sie
bringt, mein freies Eigenthum, nicht meine Herr=
scherin begrüße. Mir verbirgt sie nichts, sie
nähert sich ohne Anmaßung von Gewalt. Die
Götter nur, die gedichteten, beherrscht ein Schikk=
sal, weil sie in sich nichts zu wirken haben, und
die schlechtesten der Sterblichen, weil sie in sich
nichts wirken wollen; nicht den Menschen, der
auf sich selbst sein Handeln richtet wie ihm ge=
ziemt. Wo ist die Grenze meiner Kraft? wo
denn sänge sich an das fürchterliche fremde Ge=
biet? Unmöglichkeit ist für mich nur in dem
was ausgeschlossen ist durch der Freiheit in mir
ursprüngliche That, durch ihre Vermählung mit
meiner Natur. Nur das kann ich nicht, was
dieser widerspricht: aber wie könnt ich auch wol=
len, was jenen ersten Willen, durch den ich bin
der ich bin, rükkgängig machen müßte! Wem
diese Beschränkung als fremde Gewalt erscheint,
diese, die seines Daseins, seiner Freiheit, seines
Willens Bedingung und Wesen ist, der ist mir

wunderbar verwirrt. — Und fühl ich etwa innerhalb dieser Grenzen mich enger irgendwie beschränkt? Ja, wenn ich, selbst auf dem Gebiet der Sittlichkeit und Bildung, doch den und jenen Erfolg in irgend einem Augenblikk bestimmt begehrte; wenn jemals irgend eine einzelne That das Ziel von meinem Wollen wäre: dann könnte sich mir dies Ziel, indem ich es ergreifen wollte, weit aus den Augen rükken; dann fänd ich unter fremder Herrschaft mich; doch wollt ich auch hierüber das Schikksal verklagen, so verfehlt ich nur den eigentlichen Gegenstand der Schuld, mich selbst. Aber niemals kann es mir so ergehn! Leb ich doch im Bewußtsein meiner ganzen Natur. Immer mehr zu werden was ich bin, das ist mein einziger Wille; jede Handlung ist eine besondere Entwikklung dieses Einen Willens; so gewiß ich immer handeln kann, kann ich auch immer auf diese Weise handeln, nichts kommt in die Reihe meiner Thaten, es sei denn so bestimmt. Laß also begegnen, was da wolle! So lange ich auf diesen Zwekk alles ausschließend beziehe, jedes äußere Verhältniß aber, jede äußere Gestalt des Lebens mich gleichgültig läßt, ja alle mir gleich werth sind, wenn sie nur meines Wesens Natur ausdrükken, und zu seiner innern Bildung, seinem Wachsthum mir neuen Stoff aneignen; so lange, des Geistes Auge auf dies Ganze allgegenwärtig gerichtet, jedes Einzelne nur in diesem Ganzen, und in diesem alles Einzelne mir erscheint, nie aus dem Bewußtsein ich verliere was ich unterbreche, immer auch das noch will was ich nicht thue, und was ich eben thue auf alles was ich will, beziehe: so lange beherrscht mein Wille das Geschikk, und wendet Alles, was es bringen mag, zu seinen Zwekken mit Freiheit an. Nie kann solchem Wollen sein Gegenstand entzogen werden, und es verschwindet beim Denken eines solchen Willens der Begriff des Schikksals. Woher entspringt denn jener Wechsel des menschlichen, den sie so drükkend fühlen, als eben aus der Gemeinschaft solcher Freiheit? So ist er also der Freiheit Werk und meines. Wie könnt ich ihn für Andre durch mein Thun bereiten helfen, wenn ich nicht auch für mich ihn von den Andern forderte? Ja, ich verlange ihn laut! es komme die Zeit, und bringe wie sie kann zum Handeln, zum Bilden und Aeußern meines Wesens mir mannigfachen Stoff. Ich scheue nichts; gleich gilt mir die Ordnung, und alles was äußere Bedingung ist. Was aus der Menschen gemeinschaftlichem Handeln hervorgehen kann, soll alles an mir vorüber ziehn, mich regen und bewegen um von mir wieder bewegt zu werden, und in der Art wie ichs aufnehme und behandle, will ich immer meine Freiheit finden, und äußernd bilden meine Eigenthümlichkeit.

Ists leere Täuschung etwa? Verbirgt sich hinter solch Gefühl der Freiheit nur die Ohnmacht? So deuten gemeine Seelen was sie nicht verstehn! Doch das leere Geschwäz der Selbsterniedrigung ist längst für mich verhallt, zwischen mir und ihnen richtet in jedem Augenblikk die That. Sie klagen immer, wenn sie die Zeit verstreichen sehen, und fürchten, wenn sie kommt und bleiben ungebildet nach wie vor, bei allem Wechsel immer dieselbe gemeine Natur. Wo ist ein einziges Beispiel, an dem sie läugnen dürften, daß anders, was ihnen begegnete, behandelt werden konnte? So wäre mirs leicht sie mitten im Schmerz noch ärger zu zermalmen, und dem zerknirschten Sinn noch das Geständniß auszupressen, daß nur innre Trägheit war, was sie als äußere Gewalt bejammern, oder daß sie nicht wollten, was sie nur gewollt zu haben scheinen möchten; und so die niedrige Beschränkung ihres eignen Bewußtseins und Willens ihnen zeigend, sie eben dadurch glauben zu lehren an Willen und Bewußtsein.

Doch mögen sie es lernen oder nicht: daß nichts, was mir begegnet, der eignen Bildung

Wachsthum zu hindern, und vom Ziel des Handelns mich zurükzutreiben vermag; der Glaube ist lebendig in mir durch die That. So hab ich, seitdem sich meines Daseins die Vernunft bemächtiget, seit Freiheit und Selbstbewußtsein in mir wohnen, die wechselreichen Bahnen des Lebens durchwandelt. Im schönen Genuß der jugendlichen Freiheit hab ich die That vollbracht hinwegzuwerfen die falsche Maske, frevelnder Erziehung langes mühsames Werk; betrauern hab ich gelernt das kurze Leben der Meisten, die sich, auch wenn ihnen dasselbe gelungen, doch wieder von neuen Ketten binden lassen; verachten hab ich gelernt das schnöde Bestreben der oft schon in der kräftigsten Lebenszeit kraftlos Abgelebten, die auch der lezten Erinnerung an den kurzen Traum der Freiheit schon verlustig, nicht wissen was der Jugend, die eben anfängt sich ihrer zu erfreun, begegnet, und gern der alten Weise sich getreu erhielten. Im fremden Hause ging der Sinn mir auf für schönes gemeinschaftliches Dasein; ich sah wie Freiheit erst veredelt und recht gestaltet die zarten Geheimnisse des menschlichen Geschlechts, die dem Ungeweihten immer dunkel bleiben, der sie als Bande der Natur oft mehr nur erträgt als verehrt. Im buntesten Gewühl von allen weltlichen Verschiedenheiten lernt ich den

Schein vernichtend in jeder Tracht die gleiche Natur erkennen und die mancherlei Sprachen übertragen, die sie in jedem Kreise sich bildet. Im Anschaun der großen Gährungen, der stillen und der lauten, lernt ich den Sinn der Menschen verstehen, wie sie immer nur an der Schale haften; und in der stillen Einsamkeit, die mir zu Theil ward, hab ich die innere Natur betrachtet, alle Zwekke, die der Menschheit durch ihr Wesen aufgegeben sind, und alle Verrichtungen des Geistes in ihrer ewigen Einheit angeschaut, und in lebendiger Anschauung gelernt das todte Wort der Schulen richtig schäzen. Ich habe Freud und Schmerz empfunden, ich kenne jeden Gram und jedes Lächeln, und was giebts unter Allem, was mich betraf seitdem ich wirklich lebe, woraus ich meinem Wesen nichts Neues angeeignet, und Kraft gewonnen hätte, die das innere Leben nährt?

So sei denn die Vergangenheit mir Bürge der Zukunft: sie ist ja dasselbe, was kann sie mir anderes thun, wenn anders ich derselbe bin? Bestimmt und klar seh ich in den Inhalt meines Lebens vor mir. Ich weiß, wiefern mein Wesen schon fest in seiner Eigenthümlichkeit gebildet und abgeschlossen ist; durch gleichförmiges Handeln nach allen Seiten mit der ganzen Einheit und Fülle meiner Kraft werd ich mir dies erhalten.

Wie sollt ich nicht des Neuen und Mannigfachen mich erfreun, wodurch sich neu und immer anders die Wahrheit meines Bewußtseins mir bestätigt? Oder bin ich meiner selbst so sicher, daß ich dessen nicht mehr bedürfte, sondern auf wechsellose Stille gerechten Anspruch hätte? Nein, noch immer sollen Leid und Freude, und was sonst die Welt als Wohl und Wehe bezeichnet, mir gleich willkommen sein, weil jedes auf eigne Weise diesen Zwekk erfüllt und meines Wesens Verhältnisse mir offenbart! Wenn ich nur dies erreiche, was kümmert mich glükklich sein! — Ich weiß auch was ich mir noch nicht zu eigen gemacht, ich kenne die Stellen wo ich noch in unbestimmter Allgemeinheit schwebend von frühe her den Mangel eigner Ansicht und eigner Regel schmerzlich fühle. Dem allen strekkt sich schon lange Zeit die Kraft entgegen; und irgend wann werd ichs mit Thätigkeit und mit Betrachtung umfassen, und innig verbinden mit allem was schon in mir ist. Wissenschaften, ohne deren Kenntniß nie meine Ansicht der Welt vollendet werden kann, sind mir noch zu ergründen. Fremd sind mir noch viele Gestalten der Menschheit; Zeitalter und Völker giebts, die ich nur erst durch fremde Bilder oberflächlich kenne, in deren Denkart und Wesen sich nicht auf eigne Weise die Fantasie verſezt, die keinen beſtimmten Plaz einnehmen in meiner Anſchauung von den Entwikflungen des Geſchlechts. Manche von den Thätigkeiten, die in mein eignes Weſen minder gehören, begreif ich noch nicht, und über ihre Verbindungen mit allem was groß und ſchön iſt in der Menſchheit, fehlt mir das eigne Urtheil oft. Das Alles werd ich mit einander, nach einander gewinnen; die ſchönſte Ausſicht breitet ſich vor mir aus. Wie viele edle Naturen, die ganz von mir verſchieden die Menſchheit in ſich bilden, kann ich in der Nähe betrachten! Von wie viel kenntnißreichen Menſchen bin ich umgeben, die gaſtfrei oder eitel in ſchönen Gefäßen mir ihres Lebens goldne Früchte bieten, und die Gewächſe ferner Zeiten und Zonen durch ihre Treue ins Vaterland ver=pflanzt. Kann mich das Schikſal feſſeln, daß ich mich dieſem Ziele nicht nähern darf? Kanns mir die Mittel der Bildung weigern, mich ent=fernen aus der leichten Gemeinſchaft mit dem Thun des jezigen Geſchlechtes, und mit der Vorwelt Monumenten? mich weit von der ſchönen Welt, in der ich lebe, hinaus in öde Wüſteneien ſchleu=dern, wo Kunde von der andern Menſchheit zu erlangen unmöglich iſt, wo in ewgem Einerlei mich die gemeine Natur von allen Seiten eng umſchließt, und in der dikken verdorbenen Luft,

die sie bereitet, nichts schönes, nichts bestimmtes
das Auge trifft? Wol ist es Vielen so gesche=
hen; doch mir kanns nicht begegnen: ich troze
dem was Tausende gebeugt. Nur durch Selbst=
verkauf geräth der Mensch in Knechtschaft, und
nur den wagt das Schikksal anzufeilschen, der sich
selbst den Preis sezt und sich ausbietet. Was
lokkt den Menschen unstät von dem Orte weg
wo seinem Geiste wohl ist? Was treibt ihn wol
mit feiger Thorheit die schönsten Güter von sich
zu werfen, wie fremdes Gut im tobenden Sturme
der Schiffer auswirft? Es ist der schnöde äußere
Gewinn, es ist der Reiz der sinnlichen Begierde,
den, schon verdampft, das alte Getränk nicht
mehr befriedigt. Wie könnte mir bei meiner
Verachtung solcher Schatten dies geschehen! Mit
Fleiß und Mühe habe ich mir den Ort errungen
wo ich stehe, mir mit Bewußtsein und Anstren=
gung die eigne Welt gebildet, in der mein Geist
gedeihen kann: wie sollte dies feste Band ein
flüchtiger Reiz der Furcht oder Hoffnung lösen?
wie sollte ein eitler Tand mich aus der Heimat
lokken, und aus dem Kreise der lieben Freunde?

Doch diese Welt mir zu erhalten und immer
genauer zu verbinden, ist nicht das Einzige was
ich fordere: ich sehne mich nach einer neuen Welt.
Manch neues Bündniß ist noch zu knüpfen,

mancher noch unbekannten Liebe neu Gesez muß
mir das Herz bewegen, daß sich zeige, wie sich
dies in meinem Wesen zum Anderen fügt. In
Freundschaft jeder Art hab ich gelebt; der Liebe
süßes Glükk hab ich mit heilgen Lippen gekostet,
ich weiß was mir in beiden ziemt, und kenne
meiner Schikklichkeit Gesez: noch aber muß die
heiligste Verbindung auf eine neue Stufe des Le=
bens mich erheben, verschmelzen muß ich mich zu
Einem Wesen mit einer geliebten Seele, daß
auch auf die schönste Weise meine Menschheit auf
Menschheit wirke; daß ich wisse, wie das ver=
klärte höhere Leben nach der Auferstehung der
Freiheit sich in mir bildet, wie erneut der Mensch
die neue Welt beginnt. In Vaterrecht und Pflich=
ten muß ich mich einweihn, daß auch die höchste
Kraft, die gegen freie Wesen Freiheit übt, nicht
in mir schlummre, daß ich zeige, wie wer an
Freiheit glaubt, die junge Vernunft bewahrt und
schüzt, und wie in diesem großen Problem die
schönste Verwirrung des Eigenen und des Frem=
den der klare Geist zu lösen weiß. Wird mich
nicht hier gerade beim liebsten Wunsch des Her=
zens das Schikksal ergreifen? Wird sich hier die
Welt nicht rächen für den Troz der Freiheit, für
das übermüthige Verschmähen ihrer Macht? Wo
mag sie wohnen, mit der das Band des Lebens

zu knüpfen mir ziemt? Wer mag mir sagen, wohin ich wandern soll, um sie zu suchen? denn solch hohes Gut zu gewinnen, ist kein Opfer zu theuer, keine Anstrengung zu groß! Und ob ich sie nun finde frei, oder wenn unter fremdem Gesez, das sie mir weigert, ob ich vermögen werde sie mir zu lösen? Und wenn ich sie gewonnen — spielt etwa nicht oft das unbegreifliche auch mit der süßesten und treusten Liebe, und wehrt daß nicht dem Gattenrecht der süße Vatername sich beigeselle? Hier steht endlich Jeder an der Grenze der Willkühr und der Mysterien der Natur, über die wir auch nicht wünschen dürfen die Willkühr zu erheben. Denn wenn mich früher fremde Freiheit und der Lauf der Welt zu hemmen trachten: dem stell ich mich. Viel vermag da der Mensch, und manches Schwere erringt des Willens Kraft und ernstliches Bestreben. Doch wenn nun Hoffen und Bestreben vergeblich ist; wenn Alles sich mir weigert: bin ich dann vom Schikksal hier besiegt? Hat es dann wirklich der Erhöhung meines innern Lebens sich widersezt, und meine Bildung zu beschränken vermocht durch seinen Eigensinn? Es hindert nicht der äußern That Unmöglichkeit das innere Handeln; und mehr als mich und sie würd ich die Welt bedauern, die Welt die wol ein schönes und seltnes

Beispiel mehr verlöre, eine von den Erscheinungen aus tugendlicher Vorzeit oder aus der bessern Zukunft hieher verirrt, an der sie ihre todten Begriffe erwärmen und beleben könnte. Uns, so gewiß einander wir gehören, trägt doch auch unbekannt in unser schönes Paradies die Fantasie. Nicht vergeblich hab ich mancherlei Gestalten des weiblichen Gemüthes gesehn, und ihres stillen Lebens schöne Weisen mir bekannt gemacht. Je weiter ich noch selbst von seinen Grenzen stand, desto sorgsamer nur hab ich der Ehe heiliges Gebiet erforscht; ich weiß was Recht dort ist, was nicht, und alle Gestalten des Schifflichen hab ich mir ausgebildet, wie erst die späte freie Zukunft sie zeigen wird, und welche darunter mir geziemt, weiß ich genau. So kenn ich die auch unbekannt, mit der ich mich fürs Leben aufs innigste vereinigen könnte: und in dem schönen Leben, das wir führen würden, bin ich eingewohnt. Wie ich jezt trauernd in öder Einsamkeit mir manches einrichten und beginnen, verschweigen, versagen und in mich verschließen muß, im Kleinen und Großen: es schwebt mir doch immer lebendig dabei vor, wie das in jenem Leben anders und besser würde sein. So ists gewiß auch ihr, wo sie auch sein mag, die so geartet ist, daß sie mich lieben, daß ich ihr genügen könnte; gleiche

Sehnsucht, die mehr als leeres Verlangen ist, enthebt auch sie wie mich der öden Wirklichkeit, für die sie nicht gemacht ist, und wenn ein Zauberschlag uns plözlich zusammenführte, würde Nichts uns fremd sein; als wären wir alter süßer Gewohnheit verpflichtet, so anmuthig und leicht würden wir in der neuen Lebensweise uns bewegen. So fehlt uns also nicht, auch ohne jenen Zauberschlag, in uns das höhere Dasein; für solches Leben und durch dasselbe sind wir doch gebildet, und nur die äußere Darstellung entgeht uns und der Welt.

O wüßten doch die Menschen diese Götterkraft der Fantasie zu brauchen, sie die allein den Geist ins Freie stellt, ihn über jede Gewalt und jede Beschränkung weit hinaus trägt, sie ohne die des Menschen Kreis nur ängstlich enge sich schließt! Wie Vieles berührt denn Jeden im kurzen Lauf des Lebens? Von wieviel Seiten müßte der Mensch nicht unbestimmt und ungebildet bleiben, wenn nur auf das Wenige, was ihn von außen wirklich anstößt, sein inneres Handeln ginge? Aber so sinnlich sind sie in der Sittlichkeit, daß sie auch sich selbst nur da recht vertraun, wo ihnen die äußre Darstellung des Handelns Bürgschaft leistet für ihres Bewußtseins Wahrheit. Umsonst steht in der großen

Gemeinschaft der Menschen der, der so sich selbst
beschränkt! es hilft ihm nicht, daß ihm vergönnt
ist ihr Thun und Leben anzuschauu; vergebens
muß er sich über die träge Langsamkeit der Welt
und ihre matten Bewegungen beklagen. Er wünscht
sich immer neue Verhältnisse, von außen immer
andre Aufforderungen zum Handeln, und neue
Freunde, nachdem die alten was sie konnten auf
sein Gemüth gewirkt; und allzulangsam weilt ihm
überall das Leben. Und wenn es auch in be=
schleunigterem Lauf ihn tausend neue Wege füh=
ren wollte, könnte denn in der kurzen Spanne
Zeit sich die Unendlichkeit erschöpfen? Was so
Jene niemals sich erwünschen können, gewinne
ich durch das innere Leben der Fantasie. Sie
ersezt mir was der Wirklichkeit gebricht; jedes
Verhältniß, worin ich einen Andern erblikke, mach
ich mir durch sie zum eigenen; es bewegt sich
innerlich der Geist, gestaltets seiner Natur gemäß,
und bildet wie er handeln würde, mit sicherem
Gefühle vor. Auf gemeines Urtheil der Men=
schen über fremdes Sein und fremde That, das
mit todten Buchstaben nach leeren Formeln be=
rechnet wird, ist freilich kein Verlaß; und gar
anders als sie vorher geurtheilt haben, handeln
sie hernach. Hat aber, wie es sein muß, wo
wahres Leben ist, ein inneres Handeln das Bilden

der Fantasie geleitet; und ist so die vorgebildete That des gewohnten innern Handelns reines Bewußtsein: dann hat das angeschaute Fremde den Geist gebildet, eben als wär es auch in der Wirklichkeit sein Eigenes, als hätt er auch äußerlich gehandelt. So nehm ich wie bisher auch ferner kraft dieses innern Handelns von der ganzen Welt Besitz, und besser nuz ich Alles in stillem Anschaun, als wenn jedes Bild in raschem Wechsel auch äußere That begleiten müßte. Tiefer prägt so sich jedes Verhältniß ein, bestimmter ergreift es der Geist, und reiner ist des eignen Wesens Abdruck im freien unbefangenen Urtheil. Was dann das äußere Leben wirklich bringt, ist nur des frühern und reichern innern Bestätigung und Probe; nicht aber ist in das dürftige Maaß von jenem die Bildung des Geistes eingeschränkt. Drum klag ich über des Schikfals Trägheit eben so wenig als über seinen schnellen und krümmungsvollen Lauf. Ich weiß, daß nie mein äußeres Leben von allen Seiten das innere Wesen darstellen und vollenden wird. Nie wird es mir ein großes Verhältniß bieten, wo meine That das Wohl und Weh von Tausenden entschiede, und sichs äußerlich beweisen könnte, wie Alles mir nichts ist gegen ein einziges von den hohen und heiligen Idealen der Vernunft. Nie werd ich vielleicht in offne Fehde gerathen mit der Welt, und zeigen können, wie wenig Alles, was ihr vergönnt ist zu geben und zu nehmen, den innern Frieden und die stille Einheit meines Wesens stört. Doch hoff ich in mir selbst zu wissen, wie ich auch das behandeln würde, wie zu dem allen schon lange mein Gemüth bereitet und gebildet ist. So leb ich wiewol in stiller Verborgenheit, dennoch auf dem großen thatenreichen Schauplaz der Welt. So ist der Bund mit der geliebten Seele schon dem Einsamen gestiftet, die schöne Gemeinschaft besteht, und ist der beßre Theil des Lebens. So werd ich auch der Freunde Liebe, die einzige theure Habe, mir gewiß erhalten, was auch mir oder ihnen in Zukunft mag begegnen.

Wol fürchten die Menschen, daß nicht lange die Freundschaft währe; wandelbar scheint ihnen das Gemüth, es könne der Freund sich ändern, mit der alten Gesinnung fliehe die alte Liebe, und Treue sei ein seltenes Gut. Sie haben Recht; es liebt ja, wenn sie über das Nüzliche hinaus noch etwas kennen, doch Einer vom Andern nur den leichten Schein, der das Gemüth umfließt, die oder jene Tugend, die, was sie eigentlich im Innern sei, sie nie erforschen; und wenn in den Verwirrungen des Lebens ihnen das

zerfließt, so schämen sie sich nicht nach langen
Jahren noch zu gestehn, sie haben am Menschen
sich geirrt. Mir ist nicht schöne Gestalt noch
was sonst im ersten Anblikk das Herz der Menschen
fängt, verliehen: doch webt auch Jeder, der
mein Innres nicht durchschaut, sich einen solchen
Schein. Da wird an mir ein gutes Herz ge=
liebt wie ich es nicht möchte, ein bescheidenes
Wesen was ganz anders in mir ist, als sie
meinen, ja Klugheit auch, die ich von Herzen
verachte. Drum hat auch solche Liebe mich schon
oft verlassen; auch gehört sie nicht zu jener Habe,
die mir theuer ist. Nur was ich selbst hervor=
gebracht und immer wieder aufs Neue mir er=
werbe, ist für mich Besiz: wie könnt ich zu dem
Meinen rechnen, was nur aus jenem Schein ent=
steht, den ihr blödsichtig Auge dichtet. Rein
weiß ich mich davon, daß ich sie nicht betrüge;
aber wahrlich es soll die falsche Liebe mich auch
nicht länger, als ich es tragen mag, verfolgen.
Nur eine Aeußerung des innern Wesens, die sie
nicht mißverstehen können, kostets mich; nur
einmal sie gerade hin auf das geführt, was ich
im Gemüth am köstlichsten bewahre, und was sie
nicht dulden mögen: so bin ich ledig der Qual,
daß sie mich für den ihren halten, daß sie mich
lieben, die sich von mir wenden sollten. Gern

geb ich ihnen die Freiheit wieder, die in falschem Schein befangen war. Die aber sind mir sicher, die wirklich mich, mein inneres Wesen, lieben wollen; und fest umschlingt sie das Gemüth, und wird sie nimmer lassen. Sie haben mich erkannt, sie schauen den Geist, und die ihn einmal lieben wie er ist, die müssen ihn immer treuer und immer inniger lieben, je mehr er sich vor ihnen entwickelt und immer fester gestaltet.

Dieser Habe bin ich so gewiß als meines Seins; auch hab ich Keinen noch verloren, der mir je in Liebe theuer ward. Du der du in frischer Blüte der Jugend, mitten im raschen frohen Leben unsern Kreis verlassen mußtest — ja, ich darf anreden das geliebte Bild das mir im Herzen wohnt, das mit dem Leben und der Liebe fortlebt, und mit dem Gram — nimmer hat dich mein Herz verlassen; es hat dich mein Gedanke fortgebildet, wie du dich selbst gebildet haben würdest, hättest du erlebt die neuen Flammen, die die Welt entzünden; es hat dein Denken mit dem meinen sich vereint, und das Gespräch der Liebe zwischen uns, der Gemüther Wechselanschauung hört nimmer auf, und wirket fort auf mich als lebtest du neben mir wie sonst. Ihr Geliebten, die Ihr noch hier nur in der Ferne weilt, und oft von Eurem Geist und

Leben ein frisches Bild mir sendet, was kümmert uns der Raum? Wir waren lange bei einander, und waren uns weniger gegenwärtig als wir jezt es sind: denn was ist Gegenwart als Gemeinschaft der Geister? Was ich nicht sehe von Eurem Leben, bild ich mir selbst; Ihr seid mir nahe bei allem in mir, um mich her, was Euren Geist lebendig berühren muß, und wenig Worte bestätigen mir alles oder leiten auf rechte Spur mich, wo noch Irrthum möglich war. Ihr, die Ihr mich jezt umgebt in süßer Liebe, Ihr wißt wie wenig die Lust mich quält die Erde zu durchwandeln; ich stehe fest an meinem Ort, und werde nicht verlassen den schönen Besiz, in jedem Augenblick Gedanken und Leben mit Euch tauschen zu können; wo solche Gemeinschaft ist, da ist mein Paradies. Gebietet über Euch ein anderer Gedanke: wol, es giebt für uns doch keine Entfernung. — Aber Tod? Was ist denn Tod, als größere Entfernung?

Düstrer Gedanke, der unerbittlich jedem Gedanken an Leben und Zukunft folgt! Wol kann ich sagen, daß die Freunde mir nicht sterben: ich nehm ihr Leben in mich auf, und ihre Wirkung auf mich geht niemals unter: mich aber tödtet ihr Sterben. Es ist das Leben der Freundschaft eine schöne Folge von Akkorden, der, wenn der Freund die Welt verläßt, der gemeinschaftliche Grundton abstirbt. Zwar innerlich hallt ihn ein langes Echo ununterbrochen nach, und weiter geht die Musik: doch erstorben ist die begleitende Harmonie in ihm, zu welcher ich der Grundton war, und die war mein, wie diese in mir sein ist. Mein Wirken in ihm hat aufgehört, es ist ein Theil des Lebens verloren. Durch Sterben tödtet jedes liebende Geschöpf, und wem der Freunde Viele gestorben sind, der stirbt zulezt den Tod von ihrer Hand, wenn ausgestoßen von aller Wirkung auf die, welche seine Welt gewesen, und in sich selbst zurükk gedrängt, der Geist sich selbst verzehrt. Zwiefach ist des Menschen nothwendiges Ende. Vergehen muß, wem so unwiederbringlich das Gleichgewicht zerstört ist zwischen dem innern Leben und äußern Dasein. Vergehen müßte auch, wem es anders zerstört ist, wer, am Ziele der Vollendung seiner Eigenthümlichkeit angelangt, von der reichsten Welt umgeben, in sich nichts mehr zu handeln hätte; ein ganz vollendetes Wesen ist ein Gott, es kann die Last des Lebens nicht ertragen, und hat nicht in der Welt der Menschheit Raum. Nothwendig also ist der Tod, und dieser Nothwendigkeit mich näher zu bringen sei der Freiheit Werk, und sterben wollen können

mein höchstes Ziel! Ganz und innig will ich die
Freunde umfassen und ihr ganzes Wesen ergrei=
fen, daß jeder mich mit süßen Schmerzen tödten
helfe, wenn er mich verläßt; und immer fertiger
will ich mich bilden, daß auch so dem Sterben=
wollen immer näher die Seele komme. Aus bei=
den Elementen ist immer der Tod des Menschen
zusammengesezt, und so werden nicht die Freunde
alle mich verlassen, noch werd ich jemals ganz
der Vollendung Ziel erreichen. In schönem Eben=
maaß werd ich nach meines Wesens Natur mich
ihm von allen Seiten nähern; dies Glükk wird
mir gesichert durch meine innre Ruhe, und mein
stilles gedankenvolles Leben. Es ist das höchste
für ein Wesen wie meines, daß die innere Bil=
dung auch übergeh in äußere Darstellung, denn
durch Vollendung nähert jede Natur sich ihrem
Gegensaz. Der Gedanke in einem Werk der
Kunst mein innres Wesen, und mit ihm die
ganze Ansicht, die mir die Menschheit gab, zu=
rükkzulassen, ist mir wie die Ahndung des Todes.
Wie ich mir der vollen Blüte des Lebens bewußt
zu werden anfing, keimte er auf, jezt wächst er
in mir täglich und nähert sich der Bestimmtheit.
Unreif, ich weiß es, werd ich ihn aus freiem
Entschluß aus meinem Innern lösen, ehe das
Feuer des Lebens ausgebrannt ist; ließ ich ihn

aber reifen und vollkommen werden das Werk:
so müßte dann, so wie das treue Ebenbild er=
schiene in der Welt, mein Wesen selbst vergehn;
es wäre vollendet.

V.

Jugend und Alter.

Wie der Uhren Schlag mir die Stunden, der Sonne Lauf mir die Jahre zuzählt: so leb' ich, ich weiß es, immer näher dem Tode entgegen. Aber dem Alter auch? dem schwachen stumpferen Alter auch, worüber Alle so bitter klagen, wenn unvermerkt ihnen verschwunden ist die Lust der frohen Jugend, und der innern Gesundheit und Fülle übermüthiges Gefühl? Warum lassen sie verschwinden die goldene Zeit, und beugen dem selbstgewählten Joch seufzend den Nakken? Auch ich glaubte schon einst, daß nicht länger dem Manne geziemten die Rechte der Jugend; leiser und bedächtig wollt ich einhergehn, und durch der Entsagung weisen Entschluß mich bereiten zur trüberen Zeit. Aber es wollten nicht dem Geist die engeren Grenzen genügen, und es ge-

reute mich bald des verkümmerten nüchternen
Lebens. Da kehrte auf den ersten Ruf die
freundliche Jugend zurück, und hält mich immer
seitdem umfaßt mit schüzenden Armen. Jezt,
wenn ich wüßte, daß sie mir entflöhe, wie die
Zeiten entfliehen, ich stürzte mich lieber bald dem
Tode freiwillig entgegen, damit nicht die Furcht
vor dem sicheren Uebel mir jegliches Gute bitter
vergälle, bis ich mir endlich doch durch unfähiges
Dasein ein schlechteres Ende verdient.

Doch ich weiß, daß es nicht also sein kann:
denn es soll nicht. Wie? das geistige Leben,
das freie, das ungemeßne müßte mir eher ver=
rinnen als das irdische, welches beim ersten
Schlage des Herzens schon die Keime des Todes
enthielt? Nicht immer sollte mir mit der vollen
gewohnten Kraft aufs Schöne gerichtet die Fan=
tasie sein? nicht immer so leicht der heitere Sinn,
und so rasch zum Guten bewegt und liebevoll
das Gemüth? Bange sollt ich horchen den Wel=
len der Zeit, und sehen müssen, wie sie mich
abschliffen und aushöhlten, bis ich endlich zer=
fiele? Sprich doch Herz, wie viele Male dürst
ich bis das Alles käme noch zählen die Zeit, die
mir jezt eben verging bei dem Jammergedanken?
Gleich wenig wären mir, wenn ichs abzählen
könnte, Tausende oder Eins. Daß du ein Thor

wärest zu weissagen aus der Zeit auf die Kraft des Geistes, dessen Maaß jene nimmer sein kann! Durchwandeln doch die Gestirne nicht in gleicher Zeit dasselbe von ihrer Bahn, sondern ein höheres Maaß mußt zu suchen um ihren Lauf zu verstehn: und der Geist sollte dürftigern Gesezen folgen als sie? Auch folgt er nicht. Frühe suchte Manchen das Alter heim, das mürrische dürftige hoffnungslose, und ein feindlicher Geist bricht ihm ab die Blüte der Jugend, wenn sie kaum sich aufgethan; lange bleibt Andern der Muth, und das weiße Haupt heben noch und schmükken Feuer des Auges und des Mundes freundliches Lächeln. Warum soll ich nicht länger noch, als der am längsten dastand in der Fülle des Lebens, mir im glükklichen Kampf abwehren den verborgenen Tod? Warum nicht ohne die Jahre zu zählen und des Körpers Verwittern zu sehen, durch des Willens Kraft festhalten bis an den lezten Athemzug die geliebte Göttin der Jugend? Was denn soll diesen Unterschied machen, wenn es der Wille nicht ist? Hat etwa der Geist sein bestimmtes Maaß und Größe, daß er sich ausgeben kann und erschöpfen? Nuzt sich ab seine Kraft durch die That, und verliert etwas bei jeder Bewegung? Die des Lebens sich lange freuen, sind es nur die Geizigen,

welche wenig gehandelt haben? Dann träfe
Schande und Verachtung jedes frohe und frische
Alter: denn Verachtung verdient, wer Geiz übt
in der Jugend.

Wäre so des Menschen Loos und Maaß:
dann möcht ich lieber zusammendrängen was der
Geist vermag in engen Raum; kurz möcht ich
leben um jung zu sein und frisch, so lange es
währt! Was hilfts die Stralen des Lichts dünn
ausgießen über die große Fläche? es offenbart sich
nicht die Kraft und richtet nichts aus. Was
hilft Haushalten mit dem Handeln, und Aus=
dehnen in die Länge, wenn du schwächen mußt
den innern Gehalt, wenn doch am Ende deß
nicht mehr ist, was du gehabt hast? Lieber ge=
spendet in wenig Jahren das Leben in glänzender
Verschwendung, daß du dich freuen könnest deiner
Kraft, und übersehen was du gewesen bist. Aber
es ist nicht so unser Loos und Maaß; es ver=
mag nicht solch irdisch Gesez unter seine For=
meln zu bannen den Geist. Woran sollte sich
brechen seine Gewalt? was verliert er von sei=
nem Wesen, wenn er handelt und sich mittheilt?
was giebts das ihn verzehrt? Klarer und rei=
cher fühl ich mich jezt nach jedem Handeln, stär=
ker und gesunder: denn bei jeder That eigne ich
etwas mir an von dem gemeinschaftlichen Nah=

rungsstoffe der Menschheit, und wachsend bestimmt sich genauer meine Gestalt. Ists nur so, weil ich jezt noch in die Höhe des Lebens hinaufsteige? wol; aber wann kehrt sich denn plözlich um das schöne Verhältniß? wann fang ich an durch die That nicht zu werden sondern zu vergehen? und wie wird sich mir verkünden die große Verwandlung? Kommt sie, so muß ich sie erkennen; und erkenne ich sie, so ist mir lieber der Tod, als in langem Elend anzuschaun an mir selbst der Menschheit nichtiges Wesen.

Ein selbstgeschaffnes Uebel ist das Verschwinden des Muthes und der Kraft; ein leeres Vorurtheil ist das Alter, die schnöde Frucht von dem trüben Wahn, daß der Geist abhänge vom Körper! Aber ich kenne den Wahn, und es soll mir nicht seine schlechte Frucht das gesunde Leben vergiften. Bewohnt denn der Geist die Faser des Fleisches, oder ist er eins mit ihr, daß auch er ungelenk zur Mumie wird, wenn diese verknöchert? Dem Körper bleibe was sein ist. Stumpfen die Sinne sich ab, werden schwächer die Bilder von den Bildern der Welt: so muß wol auch stumpfer werden die Erinnerung, und schwächer manches Wohlgefallen und manche Lust. Aber ist dies das Leben des Geistes? dies die Jugend, deren Ewig-

keit ich anbetete? Wie lange wär ich schon des
Alters Sklave, wenn dies den Geist zu schwächen
vermöchte! Wie lange hätte ich schon der schönen
Jugend das lezte Lebewol zugerufen! Aber was
noch nie mich gestört hat im kräftigen Leben,
soll es auch nimmer vermögen. Wozu denn
haben Andere neben mir besseren Leib und schär=
fere Sinne? werden sie mir nicht immer ge=
wärtig sein zum liebreichen Dienste wie jezt?
Daß ich trauern sollte über des Leibes Verfall,
wäre mein leztes! was kümmert er mich? Und
welches Unglükk wird es denn sein, wenn ich
nun vergesse was gestern geschah? Sind eines
Tages kleine Begebenheiten meine Welt? oder
die Vorstellungen des Einzelnen und Wirk=
lichen aus dem engen Kreise, den des Körpers
Gegenwart umfaßt, die ganze Sphäre meines
innern Lebens? Wer so in niedrigem Sinn die
höhere Bestimmung verkennt, wem die Jugend
nur lieb war, weil sie dieses besser gewährt, der
klage mit Recht über das Elend des Alters!
Aber wer wagt es zu behaupten, daß auch die
Kraft und Fülle der großen heiligen Gedanken,
die aus sich selbst der Geist erzeugt, abhänge
vom Körper, und der Sinn für die wahre Welt
von der äußeren Glieder Gebrauch? Brauch ich
um anzuschaun die Menschheit das Auge, dessen

Nerve sich jezt schon abstumpft in der Mitte des
Lebens? Oder muß, auf daß ich lieben könne,
die es werth sind, das Blut, das jezt schon lang=
sam fließt, sich in rascherem Lauf drängen durch
die engen Kanäle? Oder hängt mir des Willens
Kraft an der Stärke der Muskeln? am Mark
gewaltiger Knochen? oder der Muth am Gefühl
der Gesundheit? Es betrügt ja doch die es
haben; in kleinen Winkeln verbirgt sich der Tod,
und springt auf einmal hervor, und umfaßt sie
mit spottendem Gelächter. Was schadets denn,
wenn ich schon weiß, wo er wohnt? Oder ver=
mag der wiederholte Schmerz, vermögen die man=
cherlei Leiden niederzudrükken den Geist, daß er
unfähig wird zu seinem innersten eigensten Han=
deln? Ihnen widerstehn ist ja auch sein Handeln,
und auch sie rufen große Gedanken zur Anwen=
dung hervor ins Bewußtsein. Dem Geist kann
kein Uebel sein, was sein Handeln nur ändert.

Ja, ungeschwächt will ich ihn in die späteren
Jahre bringen, nimmer soll der frische Lebens=
muth mir vergehen; was mich jezt erfreut, soll
mich immer erfreuen; stark soll mir bleiben der
Wille und lebendig die Fantasie, und nichts soll
mir entreißen den Zauberschlüssel, der die ge=
heimnißvollen Thore der höhern Welt mir öffnet,
und nimmer soll mir verlöschen das Feuer der

Liebe. Ich will nicht sehn die gefürchteten Schwächen des Alters; kräftige Verachtung gelob ich mir gegen jedes Ungemach, welches das Ziel meines Daseins nicht trifft, und ewige Jugend schwör ich mir selbst.

Doch verstoß ich auch nicht mit dem Schlechten das Gute? Ist denn das Alter, entgegengestellt der Jugend, nur Schwäche? Was verehren denn die Menschen an den greisen Häuptern, auch an denen die keine Spur haben von der ewigen Jugend, der schönsten Frucht der Freiheit? Ach oft ist es nichts, als daß die Luft, die sie einathmeten, und das Leben das sie führten, wie ein Keller war, worin ein Leichnam sich länger erhält ohne die Verwesung zu sehen, und dann verehrt sie als heilige Leiber das Volk. Wie das Gewächs des Weinstoffs ist ihnen der Geist, von dem sie glauben, sei es auch schlechter Natur, es werde doch besser und höher geschäzt, wenn es alt wird. Doch nein! sie reden gar viel von den eigenen Tugenden der höheren Jahre, von der nüchternen Weisheit, von der kalten Besonnenheit, von der Fülle der Erfahrung, und von der bewunderungslosen gelassenen Vollendung in der Kenntniß der bunten Welt. Nur der Menschheit vergängliche Blüte sei die reizende Jugend; aber die reife Frucht sei das Alter, und was dieses dem Geiste bringt. Dann sei erst aufs höchste geläutert durch Luft und Sonne der Geist, dann in Reife versprechender Gestalt vollendet und zum köstlichen Genuß für die Verständigen bereitet das Innerste der menschlichen Natur. O der nordischen Barbaren, die nicht das schönere Klima kennen, wo zugleich glänzt die Frucht und die Blüte, und in reichem Wetteifer immer beide sich vereinigen! Ist denn die Erde so kalt und unfreundlich, daß der Geist sich nicht zu dieser höhern Schönheit und Vollendung erheben dürfte? Wol besizt nicht Jeder alles Schöne und Gute; aber unter die Menschen sind die Gaben vertheilt, nicht unter die Zeiten. Ein ander Gewächs ist Jeder; aber wie er ist, kann er blühen zugleich und Früchte tragen immerdar. Was sich in Demselben vereinigen kann, das Alles kann derselbe auch neben einander haben und erhalten, kann es und soll es ja auch.

Wie kommt dem Menschen die besonnene Weisheit und die reife Erfahrung? wird sie ihm gegeben von oben herab, und ists höhere Bestimmung, daß er sie nicht eher erhält, als wenn er beweisen kann, daß seine Jugend verblüht ist? Ich fühle, wie ich sie jezt erwerbe; es ist eben der Jugend treibende Kraft und das frische Leben des Geistes, was sie hervorbringt. Um-

schaun nach allen Seiten; aufnehmen Alles in
den innersten Sinn, besiegen einzelner Gefühle
Gewalt, daß nicht die Thräne, seis der Freude
oder des Kummers, das Auge der Seele trübe
und verdunkle seine Bilder; rasch sich von einem
zum andern bewegen, und unersättlich im Han=
deln auch fremdes Thun noch innerlich nach=
ahmend abbilden: das ist das muntere Leben der
Jugend, und eben das ist das Werden der Weis=
heit und der Erfahrung. Je beweglicher die Fan=
tasie, je schneller die Thätigkeit des Geistes:
desto eher wachsen und werden beide. Und wenn
sie geworden sind, dann sollte dem Menschen
nicht mehr ziemen jenes muntere Leben, das sie
erzeugt hat? Sind sie denn je vollendet die hohen
Tugenden? und wenn sie durch die Jugend und
in ihr geworden sind, bedürfen sie nicht immer der=
selben Kraft um noch mehr zu werden und zu
wachsen? Aber mit leerer Heuchelei betrügen sich
die Menschen um ihr schönstes Gut, und auf
den tiefsten Grund der beschränktesten Unwissen=
heit ist die Heuchelei gebaut. Der Jugend Be=
weglichkeit, meinen sie, sei das Treiben dessen,
der noch sucht, und Suchen zieme nicht mehr
dem, der schon an des Lebens Ende steht; er
müsse sich schmükken mit weiser Stille, dem ver=
ehrten Symbol der Vollendung, mit Ruhe des

Herzens, dem Zeichen von der Fülle des Verstandes; so müsse der Mensch einhergehen im Alter, daß er nicht, wenn er noch immer zu suchen scheine, unter dem Gelächter des Spottes über das eitle Unternehmen hinab steigen müsse in den Tod. So jene; aber ihre weise Stille ist nur träge Unbeweglichkeit, und ein leeres ist ihr ruhiges Herz. Nur wer Schlechtes und Gemeines suchte, dem sei es ein Ruhm Alles gefunden zu haben! Unendlich ist, was ich erkennen und besitzen will, und nur in einer unendlichen Reihe des Handelns kann ich mich selbst ganz bestimmen. Von mir soll nie weichen der Sinn, der den Menschen vorwärts treibt, und das Verlangen, das nie gesättigt von dem, was gewesen ist, immer Neuem entgegen geht. Das sei der Ruhm den ich suche, zu wissen, daß unendlich mein Ziel ist, und doch nie still zu stehn im Lauf; zu wissen, daß eine Stelle kommt auf meinem Wege die mich verschlingt, und doch an mir und um mich nichts zu ändern, wenn ich sie sehe, und doch nicht zu verzögern den Schritt. Darum ziemt es dem Menschen, immer in der sorglosen Heiterkeit der Jugend zu wandeln. Nie werd ich mich alt dünken, bis ich auch fertig wäre; aber nie werd ich fertig sein, weil ich weiß und will, was ich soll. Auch kann es nicht sein, daß des Alters Schöne und der Jugend einander widerstrebe: denn nicht nur wächst in der Jugend, weshalb sie das Alter rühmen; es nährt auch wieder das Alter der Jugend frisches Leben. Besser gedeiht ja, wie Alle sagen, der junge Geist, wenn das reife Alter sich seiner annimmt: so verschönt sich auch des Menschen eigne innere Jugend, wenn er schon errungen hat, was dem Geiste das Alter gewährt. Schneller übersieht was da ist der geübte Blikk, leichter faßt Jedes wer schon viel ähnliches kennt, und wärmer muß die Liebe sein, die aus einem höhern Grade eigener Bildung hervorgeht. So soll mir bleiben der Jugend Kraft und Genuß bis ans Ende. Bis ans Ende will ich stärker werden und lebendiger durch jedes Handeln, und liebender durch jedes Bilden an mir selbst. Die Jugend will ich dem Alter vermählen, daß auch dies habe die Fülle, und durchdrungen sei von der belebenden Wärme. Was ists denn worüber sie klagen im Alter? Es sind nicht die nothwendigen Folgen der Erfahrung, der Weisheit und der Bildung. Macht der Schaz der bewahrten Gedanken stumpf des Menschen Sinn, daß ihn nicht reizt weder Neues noch Altes? Wird die Weisheit mit ihrem festen Wort zulezt banger Zweifel, der jedes Handeln zurükkhält? Ist die Bildung ein

Verbrennungsgeschäft, das in todte Masse den
Geist verwandelt? Was sie klagen ist nur, daß
ihnen die Jugend fehlt. Und die Jugend warum
fehlt sie ihnen? Weil in der Jugend ihnen das
Alter gefehlt hat. Doppelt sei die Vermählung.
Jezt schon sei im starken Gemüthe des Alters
Kraft, daß sie Dir erhalte die Jugend, damit
später die Jugend Dich schüze gegen des Alters
Schwäche. Wie sie es theilen, soll gar nicht
das Leben getheilt sein. Es erniedrigt sich selbst
wer zuerst jung sein will, und dann alt, wer
zuerst allein herrschen läßt, was sie rühmen als
jugendlichen Sinn, und dann allein folgen, was
ihnen der Geist des Alters scheint; es verträgt
nicht das Leben diese Trennung seiner Elemente.
Ein doppeltes Handeln des Geistes ist es, das
vereint sein soll zu jeder Zeit; und das ist die
Bildung und die Vollkommenheit, daß beider sich
immer inniger bewußt werde der Mensch in ihrer
Verschiedenheit, und daß er in Klarheit sondere
eines jeden eignes Geschäft.

Für die Pflanze selbst ist das Höchste die
Blüte, die schöne Vollendung des eigenthüm=
lichen Daseins; für die Welt ist ihr Höchstes die
Frucht, die Hülle für den Keim des künftigen
Geschlechtes, das Geschenk was jedes eigene Wesen
darbieten muß, daß die fremde Natur es mit sich

vereinigen möge. So ist auch für den Menschen
das muntere Leben der Jugend das Höchste,
und weh ihm, wenn es von ihm weicht: aber
die Welt will, er soll alt sein, damit Früchte
reifen je eher je lieber. Also ordne dir das Leben
einmal für immer. Was allzu spät die Men=
schen erst das Alter lehrt, wohin gewaltsam in
ihren Fesseln die Zeit sie führt, das sei schon
jezt aus des kräftigen Willens freier Wahl deine
Weise in Allem was der Welt gehört. Wo die
Blüte des Lebens aus freiem Willen eine Frucht
ansezt, da werde sie ein süßer Genuß der Welt;
und verborgen liege darin ein befruchteter Keim,
der sich einst entwikkele zu eignem neuen Leben.
Was du der Welt bietest, sei leicht sich ablösende
Frucht. Opfre nicht den kleinsten Theil deines
Wesens selbst in falscher Großmuth! Laß dir
kein Herz ausbrechen, kein Blättchen abpflükken,
welches Nahrung dir einsaugt aus der umgeben=
den Welt! Aber treibe auch nicht zornigen Ge=
müthes gleich hervor täuschenden Auswuchs, un=
gestaltet und ungenießbar, wo etwa ein verderb=
liches Thierchen dich sticht; sondern Alles, was
nicht für dich selbst ist Wachsthum der Gestalt
oder Bildung neuer Organe, das sei wahre Frucht,
aus der innern Liebe des Geistes erzeugt, als
freie That seines jugendlichen Lebens Denkmal.

Hat sie aber eignes Leben gewonnen: so trete sie allmählig hervor aus ihren Umhüllungen; und dann werde sie weiter gebildet nach des äußern Handelns Gesez. Dann sei Klugheit um sie geschäftig und nüchterne Besonnenheit, daß auch wirklich der Welt zu Gute komme, was freigebig die Liebe ihr zugedacht hat. Dann wäge bedachtsam Mittel und Zwekk, sorge und schaue umher mit weiser Furcht, halte zu Rathe Kraft und Arbeit, lege hoch an deine Mühe, und harre geduldig und unverdrossen des glükklichen Augenblikks.

Wehe, wenn die Jugend in mir, die frische Kraft, die Alles zu Boden wirft, was sie einzwängen will, der leichte Sinn, der immer weiter strebt, sich je bemengte mit des Alters Geschäft, und mit schlechtem Erfolg auf dem fremden Gebiete des äußeren Thuns die Kraft verschwendete, die sie dem innern Leben entzöge! So mögen nur die untergebn, die den ganzen Reichthum des Lebens nicht kennen, und also mißverstehend den heiligen Trieb jugendlich sein wollen im äußeren Thun. Im Augenblikk soll eine Frucht reifen, wie eine Blüte sich entfaltet in einer Nacht; es drängt ein Entwurf den andern, und keiner gedeiht; und im raschen Wechsel widersprechender Mittel zerstört sich jedes angefangene

Werk. Haben sie so in vergeblichen Versuchen die schöne Hälfte des Lebens verschwendet, und nichts gewirkt noch gethan, wo Wirken und Thun ihr ganzer Zwekk war: so verdammen sie den leichten Sinn und das rasche Leben, und es bleibt ihnen allein das Alter zurükk, schwach und elend wie es sein muß, wo die Jugend verscheucht und verzehrt ist. Daß sie mir nicht auch fliehe, will ich sie nicht mißbrauchen; sie soll mir nicht dienen auf fremdem Gebiete zu ungebührlichem Geschäft; in den Grenzen ihres Reichs will ich sie halten, daß ihr kein Verderben nahe. Da aber soll sie mir walten jezt und immer in ungestörter Freiheit; und kein Gesez, welches nur dem äußeren Thun gebieten darf, soll mir das innere Leben beschränken.

Alles Handeln in mir und auf mich, das der Welt nicht gehört, und nur mein eigenes Werden ist, trage ewig der Jugend Farbe, und gehe fort nur dem innern Triebe folgend in schöner sorgloser Freude. Laß dir keine Ordnung gebieten, wann du anschauen sollest oder begreifen, wann in dich hineingehn oder aus dir heraus! fröhlich jedes fremde Gesez verschmäht, und den Gedanken verscheucht, der in todten Buchstaben verzeichnen will des Lebens freien Wechsel. Laß dir nicht sagen, dies müsse erst vollendet sein, dann jenes! Gehe weiter wie und wann es dir gefällt mit leichtem Schritt: lebt doch Alles in dir und bleibt was du gehandelt hast, und findest es wieder wenn du zurükkommst. Laß dir nicht bange machen, was wol daraus werden möchte, wenn du jezt dies begönnest oder jenes! Immer wird nichts als du: denn was du wollen kannst, gehört auch in dein Leben. Wolle ja nicht mäßig sein im Handeln! Lebe frisch immer fort; keine Kraft geht verloren, als die du ungebraucht in dich zurükdrängst. Wolle ja nicht dies jezt, damit du hernach wollen könnest jenes! Schäme dich, freier Geist, wenn das eine in dir sollte dienen dem andern; nichts darf Mittel sein in dir, ist ja Eins so viel werth als das Andere; drum was du wirst werde um sein selbst willen. Thörichter Betrug, daß du wollen solltest was du nicht willst! Laß dir nicht gebieten von der Welt, wann und was du leisten sollest für sie. Verlache stolz die thörichte Anmaßung, muthiger Jüngling, und leide nicht den Druk. Alles ist deine freie Gabe: denn in deinem innern Handeln muß aufgehn der Entschluß ihr etwas zu thun; und thue nichts, als was so dir in freier Liebe und Lust hervorgeht aus dem Innern des Gemüthes. Laß dir keine Grenzen sezen in deiner Liebe, nicht Maaß, nicht Art, nicht

Dauer! Ist sie doch dein Eigenthum: wer kann
sie fordern? Ist doch ihr Gesez bloß in dir:
wer hat dort zu gebieten? Schäme dich fremder
Meinung zu folgen, in dem was das Heiligste
ist! Schäme dich der falschen Schaam, daß sie
nicht verstehen möchten, wenn du den Fragen-
den sagtest: darum liebe ich. Laß dich nicht
stören, was auch äußerlich geschehe, in des innern
Lebens Fülle und Freude! Wer wollte ver-
mischen was nicht zusammen gehört, und gräm-
lich sein in sich selbst? Härme dich nicht, wenn
du dies nicht sein kannst, und jenes nicht thun!
Wer wollte mit leerem Verlangen nach der Unmöglichkeit hinsehn, und mit habsüchtigem Auge
nach fremdem Gut?

So frei und fröhlich bewegt sich mein inneres
Leben! Wann und wie sollte wol Zeit und
Schikksal mich andere Weisheit lehren? Der
Welt laß ich ihr Recht: nach Ordnung und Weisheit, nach Besonnenheit und Maaß streb ich im
äußern Thun. Warum sollt ich auch verschmähen
was sich leicht und gern darbietet, und willig
hervorgeht aus meinem innern Wesen und Handeln? Ohne Mühe gewinnt das Alles in reichem
Maaße wer die Welt anschaut; aber durch das
Anschauen seiner selbst gewinnt der Mensch, daß
sich ihm nicht nähern darf Muthlosigkeit und

Schwäche: denn dem Bewußtsein der innern Freiheit und ihres Handelns entsprießt ewige Jugend und Freude. Dies hab ich ergriffen, und lasse es nimmer, und so seh ich lächelnd schwinden der Augen Licht, und keimen das weiße Haar zwischen den blonden Loken. Nichts was geschehen kann, mag mir das Herz beklemmen: frisch bleibt der Puls des innern Lebens bis an den Tod.

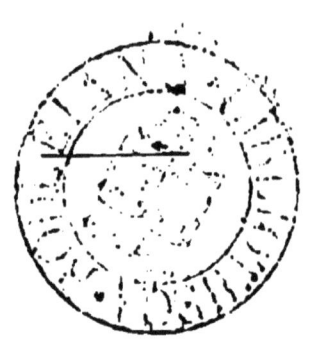